非進学校出身東大生が高校時代にしてたこと

太田あや
協力／UTFR

小学館

はじめに

これまで取材を通して100人以上の東大生に会ってきましたが、2019年の夏、あまり会ったことのないタイプの東大生たちと出会いました。

彼らは、2017年に発足したサークル「東大フロンティア・ランナーズ」（以下、UTFR）に所属しているのですが、このサークルに入るには、ある条件を満たさなくてはいけません。それが、この本のタイトルにもなっている「非進学校」から東大に合格したということ。東大とは相容《あいい》れないイメージの「非進学校」という言葉を、彼らは以下のような目安で考えています。

東大在学中の高校の先輩が一人もおらず、旧帝大合格者が10名未満の高校

この条件にあてはまっても、世間一般には進学校と認知されている、もしくは自認している高校はたくさんあります。彼らのいう非進学校は、つまり「東大非進学校」。東大受験をする上での非進学校を指しています。

UTFRがサークル入会に関して、非進学校出身者に限るという珍しい選別を行

っているのは、東大に合格するということが、ほかの大学に比べて特殊な状況にあるからです。

国公立大学は、京大も含め、地元の高校からの合格者が多いのですが、東大は全国の高校から進学してきます。しかし、全国からまんべんなく合格しているということではなく、有名進学校からの合格者が極端に多いのが特徴です。

２０１９年の東大合格者数は、約３０００人。

合格者の多い高校は以下になります。

１位　開成高等学校　１８７名
２位　筑波大学附属駒場高等学校　１１９名
３位　麻布高等学校　１００名

上位３校で、合格者の８分の１以上を占めています。合格者数が多い高校の上位10校中、国立である筑波大学附属駒場高等学校以外の９校が名門の私立中高一貫校、さらに、上位30校で合格者が１５００名近く、合格者全体の半数ほどとなります。

※合格者数は、受験と教育の情報サイト「inter-edu.」の「速報！ 2019年 東大・京大・難関大学合格者ランキング」(2020年1月現在)の情報より。

また、東大は、センター試験と二次試験の配点比率が1：4となっており、理系では理科を2科目、文系では社会を2科目受験しなくてはなりません。二次試験の配点率が高い上に、英語、国語、数学以外のこれら2科目も記述試験に対応できるレベルまで引き上げなくてはいけないのです。ほかの大学に比べて受験勉強の負担が大きくなります。

小学校から進学塾に通い、東大請負学校といっても過言ではない私立の中高一貫校に合格する。そして、東大の入試科目に対応できるカリキュラムが整った環境で学び、東大入試を熟知した教師陣から進路指導を受ける。これが東大合格への一番の近道なのです。

今回、この本に登場するのは、そんな近道ルートに一度も乗ることなく東大に合格したUTFRに所属する11名です。東大のなかではごく少数派である彼らの出身高校の偏差値は、40～50台が多く、中高一貫校で中学入学時の学校偏差値が30台の者もいれば、通信制高校出身者もいます。また、学校創立初の東大合格という快挙を果たした人もいます。

彼らに共通するのは、まわりに東大生の先輩や東大志望者がおらず、東大入試を理解した進路指導がほぼ受けられない環境において、「東大にいく」と決意をしたこと。そして、孤独を抱えながら、人一倍考え、人一倍努力し、勉強をしてきたということ。

一般的に不利だといえる環境から東大を目指すなかで、彼らは何を考え、どう学んできたのか。逆境をはね返すための原動力はなんだったのか。

じっくりお話を聞きました。

太田あや

非進学校出身東大生が高校時代にしてたこと

目次

※出身学校名は一部伏せている場合があります。
※プロフィールの中学・高校の偏差値は、Webサイト「みんなの学校情報」のデータをもとにしています(一部学校はWebサイト「シリタス」などのデータをもとにしています)。
偏差値は、調査機関、調査方法により異なりますので、あくまで目安としてお考えください。
※学部名の教養学部の後の「前期課程」「後期課程」は省略しています。
※センター試験は900点満点、東大二次試験は440点満点です。
※この本の情報は、2020年1月時点のものです。

UTFR (the University of Tokyo Frontier Runners)

東大内において「非進学校」とされる高校出身の東大生が集う場として、2017年12月に設立されたサークル。現在は50名ほどが所属している。非進学校出身東大生がコミュニケーションをはかるだけでなく、「過去の自分たちと同じ境遇の受験生に、よりよい環境で東大受験に臨んでほしい」という思いで、中高生への受験支援も行う。学園祭で販売する合格体験記は好評で、2019年は石垣島で講演会や中高生に学習アドバイスも行った。

流されず、一歩踏み出す
環境は自分でつくるものです

教養学部
学際科学科3年
大野康晴

大野康晴（おおのやすはる）

1999年、大阪府生まれ。父、母の３人家族。公立小学校を卒業後、私立上宮《うえのみや》太《たい》子《し》中学校（現在は募集停止）特進コースに特待生として合格。硬式テニス部に所属。上宮太子高等学校（偏差値49～55）特進コースに進学。高１から高２の秋まで剣道部に所属。2017年、文科三類に現役合格。高校からは７年ぶりの東大合格となった。同年にUTFRを設立し、初代代表に。また、2019年２月に東大珈琲同好会を結成。

受験科目

センター試験　国語、数学ⅠA・数学ⅡB、英語、
化学基礎、生物基礎、世界史Ｂ、日本史Ｂ

二次試験　国語、数学、英語、世界史・日本史

試験の得点

センター試験　**８４７点**　二次試験　**２６０点**

読書が大好きで、興味があることはなんでも吸収してしまう子どもでした。歴史漫画や宗田理《そうだおさむ》『ぼくらの七日間戦争』、江戸川乱歩の少年探偵団シリーズなどを読破した後は、東野圭吾のガリレオシリーズにも手を伸ばしました。両親はあまり本を読まなかったのですが、僕には惜しみなく買い与えてくれました。図鑑、小説、漫画と多読な僕が、母親から唯一禁止されていたのが『ドラえもん』。「のび太みたいにドラえもんを頼らないと生きていけない人間になるから」と。「それ、本当かな…」と思ったのを覚えています(笑)。

通っていた公立小学校では成績はよい方でしたが、ガリ勉だったわけではありません。学習意欲がそんなに高い地域ではないため、相対的によかったというだけでしたし、僕自身、勉強へのモチベーションは高くありませんでした。それでも中学受験を考えたのは、「公立中学へいきたくない」という切なる思いからでした。

大阪府は、北部よりも南部の方が荒れている傾向にあり、僕の住んでいる地域は南部。小2のとき、公園で遊んでいると小4の子から鉄パイプで殴られそうになって、泣きながら逃げ帰ったこともあり、それ以来、上級生に対する強い恐怖心がありました。また、公立中学にいくと、タバコをくわえさせられ、煙を肺で吸わず口でふかすとボコボコにされるという噂《うわさ》を聞いたのです。実際に公立中学にいった友人たちは、健全な中学生活を送っていたので、都市伝説のような噂だったのかもしれませんが、公立中学にいきたくないと思うには十分でした。

そこで、小4から塾に通うことになりました。いわゆる進学塾ではなく、補習塾でした。当初は進学塾を考えていたのですが、入塾面談で「放課後は毎日、お弁当持参で塾に缶詰になります。学校の授業は寝てもらって結構です」と言われたことに母が疑問を持ったのです。学校の授業が最優先であるべきだと。また、小4からお弁当持参で通うのは忍びないという思いもあったようで。「勉強しろ」とは言われず、実力に合った中学にいけばいいという受験でした。

小6の模試では、算数と理科で偏差値38、国語と社会を合わせて4教科で50台という成績。私立上宮太子中学校特進コースであれば上位の成績で合格できそうだということで、受験することにしました。一学年50名ほどの少人数教育で先生の目が行きわたること、実際に会った先生がたがとてもよい雰囲気だったということも魅力に感じました。

勉強で圧倒的な1番になるしかない

上宮太子中学校特進コースには、2位の成績で特待生として合格。入学後のテストでは1位になりました。でも、あまり勉強することなく好成績をとったことで、僕は勘違いしてしまうのです。「俺、天才なんじゃない?」と。

そのため、中1は、ゲームに明け暮れる毎日でした。授業は受け、課題はかろうじてこなしてはいるものの、あまりの体たらくに担任からは、「高校にいったら間違いなく成績が落ちるぞ」と言われたこともありました。そんな日々を何か月か過ごした中1の冬のある日。いつものようにゲームに没頭している最中、ふと考えたんです。

「今の僕から勉強をとったら何が残るのだろう…」

僕は、運動神経はよくありません。外見はというと、細いメガネをかけた天パのぽっちゃり体型。典型的な地味キャラでした。こんな僕がゲーム漬けの生活を続けていたら、一生陽《ひ》の当たらない人生を送ることになるのではないか。

僕は、ここから1日2時間の勉強を始めることにしました。

中2になり、成績は1位を安定してとるようになり、模試では、平均偏差値65まで上がりました。しかし、僕はそのことでいじめにあうのです。それまで仲のよかった友だちからもよそよそしく冷たい態度をとられ、心無い言葉をかけられました。

「1位をとることでいじめられるのなら、勉強をしない方がいいのかな」

それを聞いた親は、「それで勉強をやめるのはおかしいよ」と言いました。確かに理不尽な話です。しかし、当時の僕にとっては、頑張れば頑張るほど居心地が悪くなるという状況がこたえ、眠れない日が続きました。

このいじめは、担任の先生に相談することで一応の解決をみました。露骨に無視されることはなくなりましたが、相手の子たちからは納得いってないという雰囲気をビシビシ感じました。そんな状況が本当につらかった。相手に対してビクビクすることも、頑張る自分を否定してしまうことも、すべてに疲れていました。だからといって、特待生として奨学金をもらって通っているため、別の高校へいくとなると、これまでの授業料をすべて返さなくてはいけない。八方塞《ふさ》がりとなった僕のなかに、強い思いが芽生えました。

勉強で圧倒的な1番になるしかない。

運動は苦手、外見にはコンプレックスがある。そんな自分に残されたものは、勉強しかない。だったらまわりを黙らせるくらいの断トツの1番になろう。そう思ったときに、「東大にいこう」という強い意志が湧き上がりました。小学生の頃は、日本で一番難しいのは東京大学と聞いて、「じゃあ、東大にいく」なんて冗談半分で言っていました。しかし、中2のこのときは本気でした。それしかないという思いになっていたのです。

でも、そこから勉強にのめり込むには、僕はまだ何も知らなすぎました。東大に合格するための具体的な勉強法も、自分の成績が客観的にどの位置にあるのかも分かっていませんでしたし、そもそも受験勉強は高3からするものだと思っていました。それよりも僕は、

3か月ほど続いたいじめで疲れ切っていました。そんな僕の救いとなったのは、アイドル、SKE48の松井珠理奈《じゅりな》さんでした。中2の冬、初めて行った握手会で心を奪われ、どんどんのめり込んでいきました。CD購入やライブなどに費やした金額は、1年で20万円。お小遣いや親から援助してもらったお金でやりくりしました。

アイドルのオタク活動には、情報収集は欠かせないということで、Twitter《ツイッター》を始めたのですが、Twitter自体にはまってしまい、ファンの人たちと熱いやりとりが始まりました。1日8時間Twitterをやっているようなこともありました。オタク活動を始めてから1年が経《た》つ頃、Twitterでファン同士のもめごとに巻き込まれてしまいました。仲裁するつもりで書いた僕のコメントに腹を立てた高校生から、「次の握手会であったら覚悟しとけよ」と脅されてしまったのです。その後もファン同士のいざこざを見ているうちに、僕は我に返り、オタク活動をやめることにしました。もう高1になっていました。

この時期は、受験を考えると無駄な日々ではありましたが、何か一つに熱中したときの自分の力はすごいという気づきがあり、のちの受験勉強を

⬆大ファンだった松井珠理奈のイベントにも行った中学時代。

乗り切る原動力になったのではないかと思っています。

中1の冬から始めていた1日2時間の勉強だけは、アイドルの追っかけ中もずっと続けており、高校生になってからも1位をキープし続けていました。コツコツ続けてきた成果が出始め、高1の平均偏差値は77（進研模試）。東大は、B判定。東大合格が少しずつ現実味を帯び始めていました。

学部は、文科三類を目指すことにしました。将来を考えたとき、やりたいことが2つありました。一つは文学の研究、もう一つは航空機の設計でした。前者は、高1で読んだ夢《ゆめ》野久作《のきゅうさく》『ドグラ・マグラ』に衝撃を受けたことがきっかけでした。どうしたらこんな奇抜な文章が書けるのか。そこから文学の研究をしてみたいと思うようになりました。

後者は、僕の歴史好きからきています。高校時代は、歴史本を多読する歴史オタクでもありました。そんななかで、第一次世界大戦から本格的に登場した空の王者、戦闘機に魅せられたのです。いつか戦闘機を設計してみたい、アメリカの軍事企業であるロッキード・マーチンに就職できたらと夢を抱きました。ただ、日本のいち高校生でしかない僕にとって、それは途方のない夢。物理が苦手で、定期テストでさえ点がとれない自分が、英語で航空力学など学べるのか。アメリカの大学にいくにしても学費が払えるのか。そもそもアメリカに渡り、生きていくという自信がなかった。僕はこの夢を諦《あきら》め、世界史と日本史が得意だということで文系を選択。前者の思いを叶《かな》えるため、文三を選んだのです。

当時の状況を考えるとやむを得ない選択だと思いますが、大学生となり、諦めた夢の大きさに気づき、後悔をしました。結局は、その時点での科目の得意不得意で文理選択をし、学部を決めてしまった。もっといろんな情報を集め、検討を重ねるべきでしたが、それも大学生となり視野が広がったから気づいたことでもありました。

合格のため、やるべきことを細かく設定

「高2の秋の修学旅行が終わったら受験勉強だぞ」

先生がよく言っていたので、高2になっても、1日2時間の勉強を続けるだけでした。それでも、2時間の勉強のなかに、受験勉強らしい要素を少しずつ加えていきました。4月からは日本史と世界史の勉強を始め、6月からは数学のみBenesse《ベネッセ》鉄緑会《てつりょくかい》個別指導センター（以下、鉄緑会）に入会。どちらも計画性がなく、日本史と世界史に関しては先にやっておくと後が楽かなという思い。鉄緑会は課題をこなすだけで精一杯でした。

高2の夏から秋にかけては、大きなイベントがありました。まず夏休みに、東大のオープンキャンパスに行きました。

東大にいきたいという思いには、もう一つ理由がありました。小さい頃から抱いていた東京への憧れです。大阪市も大きな都市ではあるのですが、テレビで見る風景は東京が多く、日本の情報の中心地です。いつか東京で暮らしてみたいという思いがあったのです。高校で東大志望は僕だけだったので、東京の私大を志望している友人と3泊4日の予定で上京しました。

映画『君の名は。』で、地方で暮らす三葉《みつは》と東京で暮らす瀧《たき》くんが入れ替わったときに、三葉が初めての東京の風景に「東京や」と感動するシーンがあるのですが、まさしくその気持ちでした。高いビルが立ち並ぶ都心、活気ある街並みを行き交う人。話す言葉は標準語で、エスカレーターは左に並ぶ。何もかもが新鮮でした。オープンキャンパスでは、法学部の学長の講演に爆睡してしまったのですが、とにかく東京にいることがとても楽しく嬉《うれ》しかった。「かならず東京に行こう、いくなら東大しかない」。気持ちが固まりました。

11月頭には、ドイツへ6泊7日の修学旅行。ベルリン、ポツダム、ヴィッテンベルク、フランクフルト、リューデスハイム、ハイデルベルク。古い重厚な建物と近代的なビルが並存する街並みがとても素敵で、大人になったらドイツで暮らしてみたい、ドイツで人生の最期を迎えるのもいいと感じました。

そしてドイツから帰国後、先生の言葉通り、受験態勢に入りました。

まずは、東大の英語の過去問を解いてみました。今の自分がどれくらい通用するのかを確かめるためでしたが、全く解けない。自分が得意だと思っていた英語がこんなにも解けないのかと絶望しました。これまでの勉強を振り返ると、1日2時間コツコツやってはいたけれど、東大を意識した勉強はほとんどしていなかった。そのツケがここできたのだと感じました。このままでは落ちてしまう。浪人をして、あと1年勉強する期間がのびるのは耐えられない。その日のうちに単語帳と数学の参考書を買い、勉強時間を1日5時間にのばすことにしました。

朝は5時半起床、1~2時間勉強してから登校。授業は、内職が許されているものだけ東大対策。それ以外の授業では、先生と戦うことは不毛だと感じていましたし、授業の内容は基礎の基礎。この授業を120%理解できないようでは、東大合格は無理だと思いながら受けていました。帰宅後は25時過ぎまで勉強、睡眠時間は4時間という生活を続けたところ、2月半ばにインフルエンザにかかってしまいました。これが1年後だったら、東大を受験できなかったかもしれない。これをきっかけに体調面にも気を配り、睡眠を6時間は確保

⬆初めて英語の過去問を解いた日に購入した単語帳。

することにしました。

また、計画性のなかった勉強法も見直すことにしました。ゴールは、東大二次試験の最終日。最後の課目である英語の試験が終わり、ペンを置いた瞬間に「合格できた」と思うこと。そのために、いつ何をすべきか。1年間を見据え、模試の時期を踏まえ、1か月ごとの目標、さらにそれを達成するための1週間ごとの計画を立て、やるべきことを細かく設定していきました。最初は、1か月で教科書を3回読むなど達成不可能な理想ばかりを計画に組み込んでいましたが、徐々にやるべきこと、やれることの配分がうまくいくようになりました。

高2の11月から高3の4月にかけては、基礎固めを中心に取り組みました。

英語は、単語を覚えながら長文読解力をつけ、高校のカリキュラムで授業を選択できなかった日本史は、教科書の文章のフレーズが空で言えるくらい、ページが映像記憶されるまで何度も読み込みました。また世界史は、教科書を読んだ後、穴埋め式の教科書ノートで用語を確認しながら、歴史の流れを頭に入れていきました。その上で、同時代において、

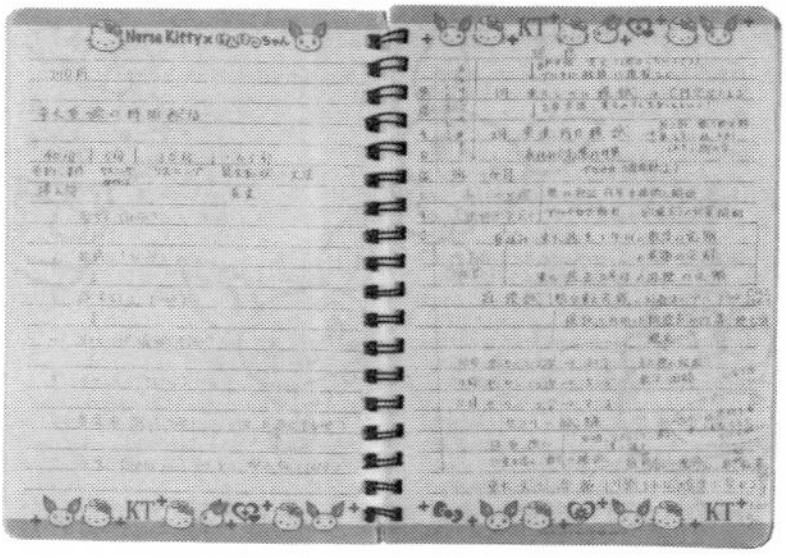

⬆高2の1月から始めた「学習計画ノート」には、センター試験・二次試験の目標点も書いた。

国同士がどうつながっていったかを見るために、メモリーツリーを使いました。メモリーツリーとは、一つの言葉を中心にそこから派生するキーワードを枝葉のように書き出していくものですが、世界史にはとても効果的でした。

実はこのやり方、漫画『ドラゴン桜』（三田紀房）の勉強法を参考にしたものです。中1の頃、初めて『ドラゴン桜』のドラマを観《み》たときに妙な親近感を覚えたんです。非進学校から東大に合格するというストーリー自体、現実味がないかもしれないのですが、僕は、自分のことのように感じて観ていました。自分がいる環境や実力がどんなものであれ、正しい努力さえすれば東大にいけるのではないかと希望を感じさせてくれました。

文系科目は順調に進めていったのですが、数学には一番手を焼きました。高2の6月から鉄緑会のWeb指導を受けてはいましたが、課題を淡々とやるだけ。高2の1月に、その年のセンター試験を受けてみると、「数学Ⅰ・数学A」が56点、「数学Ⅱ・数学B」が28点と、東大にはほど遠いレベル。どう勉強すべきか分からず、問題演習も全く解けず、答えを丸暗記するだけ。どうしてもっと早く数学に取り組んでこなかったのかと後悔しました。そんな僕をみかねて、鉄緑会の先生が言ったのです。

「数学の問題が与えられた場合、問題文から条件を汲《く》み取り、その条件に対し、どの定理、公式が使えるかを理解していかないと解けるようにはならないよ」

それまでの僕は、数学の問題という開かない扉に対し、定理・公式という鍵を何本も持ちながら、鍵穴の形状を考えず、手当たり次第にさしている状態でした。それでは扉は開かない。いかに非効率的だったかを初めて知りました。問題の条件ごとに使うべき解法は決まっている。それを意識することで、ようやく数学の解き方が分かってきたのです。東大の入試では数学は全4問出題されますが、2問を解ききることができるようになったのは高3の11月でした。

校内偏差値114、まわりとは違いすぎる成績

東大志望は高校では僕だけ。上宮太子高校では、外部からの入学者もいるため、生徒数は1学年50名から300名ほどになります。先生も一人一人の志望校に合わせて対応するというのは多忙で難しい状況のなか、過去問の添削などで対応してくれる先生もいました。東大を目指すことを否定せず、応援をしながら見守ってくれる。そのスタンスが、僕にとっては、ありがたかったです。また、友人たちも東大受験を応援してくれていました。

ただ、同じ志で学び合う仲間を見つけることができず、少し寂しい思いもありました。でもそれは、仕方なかった。授業で指名された子が答えに詰まると、最後に僕が指される。誰も分かっていないことを僕だけが理解していることから、クラスメイトとの差を感じま

したし、そもそも、まわりと成績が違いすぎました。

高1の11月の進研模試では、校内偏差値102（国数英）、1年後、高2の11月の進研模試では、校内偏差値114（国英世）をとりました。しかし、東大文三はC判定。全国偏差値では80前後。100以上の偏差値は、非進学校だからこそとれるものなのです。

東大合格という同じ志を持つ仲間は、高校の外で見つけました。

学習管理アプリ「スタディプラス」と、高2の1月から通い始めた東進ハイスクール（以下、東進）の東大特進コースです。スタディプラスで東大志望の人たちとつながりができ、勉強の成果を公開することがモチベーションになりま

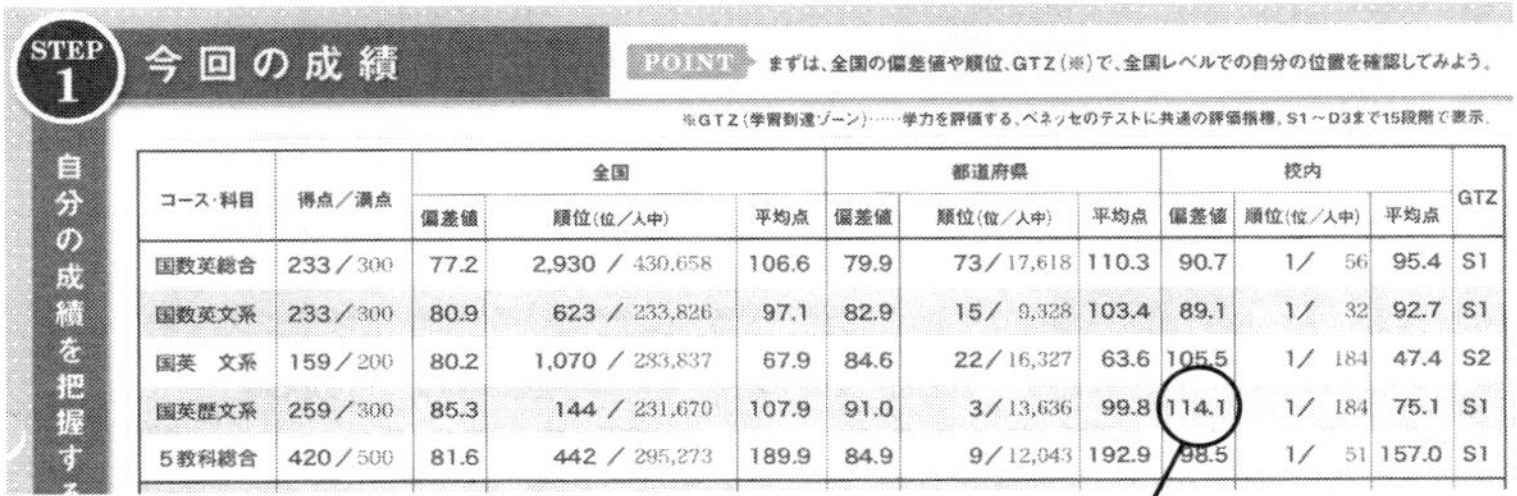

STEP 1 今回の成績

POINT まずは、全国の偏差値や順位、GTZ（※）で、全国レベルでの自分の位置を確認してみよう。

※GTZ（学習到達ゾーン）……学力を評価する、ベネッセのテストに共通の評価指標，S1～D3まで15段階で表示．

自分の成績を把握する

コース・科目	得点／満点	全国			都道府県			校内			GTZ
		偏差値	順位（位／人中）	平均点	偏差値	順位（位／人中）	平均点	偏差値	順位（位／人中）	平均点	
国数英総合	233／300	77.2	2,930 ／ 430,658	106.6	79.9	73／17,618	110.3	90.7	1／ 56	95.4	S1
国数英文系	233／300	80.9	623 ／ 233,826	97.1	82.9	15／ 9,328	103.4	89.1	1／ 32	92.7	S1
国英　文系	159／200	80.2	1,070 ／ 283,837	67.9	84.6	22／16,327	63.6	105.5	1／ 184	47.4	S2
国英歴文系	259／300	85.3	144 ／ 231,670	107.9	91.0	3／13,636	99.8	114.1	1／ 184	75.1	S1
5教科総合	420／500	81.6	442 ／ 295,273	189.9	84.9	9／12,043	192.9	98.5	1／ 51	157.0	S1

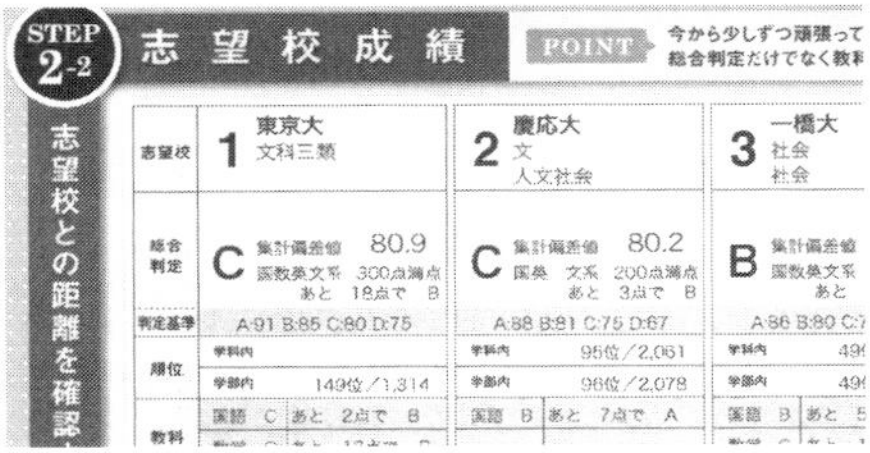

STEP 2-2 志望校成績

POINT 今から少しずつ頑張って
総合判定だけでなく教科

志望校との距離を確認

志望校	1 東京大 文科三類	2 慶応大 文 人文社会	3 一橋大 社会 社会
総合判定	C 集計偏差値 80.9 国数英文系 300点満点 あと 18点で B	C 集計偏差値 80.2 国英 文系 200点満点 あと 3点で B	B 集計偏差値 国数英文系 あと
判定基準	A:91 B:85 C:80 D:75	A:88 B:81 C:75 D:67	A:86 B:80 C:
順位 学科内		95位／2,061	49
順位 学部内	149位／1,314	96位／2,078	49
教科	国語 C あと 2点で B	国語 B あと 7点で A	国語 B あと 5

⬅⬆高2の11月の進研模試の結果。得意な国英世の校内偏差値はすべて100以上をマークしたが、東大文三、慶應大学文学部はC判定だった。

した。また東進では、林修《はやしおさむ》先生の講義を受けることで、初めて現代文の解き方が理解できるなど、東大の入試対策に特化した講義を受けられただけでなく、多くの東大志望の高校生と出会えたことも大きかった。見た感じは、高校の同級生と変わらないのに、すごいと感じる人がとても多かった。世界史では、僕が思いもつかなかった記述内容を解答に盛り込んでいる人がいたり、僕には手も足も出ない数学の問題をスラスラ解いている人がいたり。感心するばかりでしたが、この人たちに勝たない限り東大合格はないわけで、やる気をもらいました。また、東大合格という同じ目標を持つ彼女もできました。学校も家族も応援してくれてはいるけれど、同じレベルで気持ちを理解してくれる人がいないなか、精神的に支えてくれる存在となってくれました。

高3の夏休みは、東進の自習室や自宅で勉強中心の毎日を過ごしました。

そして、夏休み明け。学校に戻ってみると、クラスメイトの雰囲気は受験モードには程遠く、遊んでいる人も多くいました。予備校とは違う雰囲気に「勉強しづらい環境だな」と感じたのですが、親は、高校は休むべきではないという考えだったので、毎日高校に行き、授業も真面目に受けていました。

10月の終わり。休み時間に勉強をしていても、クラスメイトのざわめきで全然集中できない。スタディプラスの仲間に「こんな状況で学校に行く意味が分からない」と気持ちを吐露してなんとかガス抜きをしていたのですが、もう限界だと感じました。僕が「勉強したいから静かにしてほしい」と言ったところで理解してくれるのは応援してくれる友人など一部だけ。全員に分かってもらうのは無理なこと。鉄緑会の先生からは「自分の勉強に支障をきたす環境なら、身を引いてもいいのではないか」とアドバイスをもらい、親も「もう休んでいいよ」と言ってくれたことで、11月からは学校を休むことにしました。自宅学習を基本とし、講義のある日は予備校の自習室で勉強をしました。

迎えた1月のセンター試験。満足のいく847点、9割以上をとることができました。これによって、早稲田大学国際教養学部にセンター利用で合格。東大の二次試験に向け、追い込みに入りました。

東大入試当日。東大を受験する人は挙動不審でめちゃくちゃやばい人が多いのではないか、なんて勝手に思っていたのですが、実際は普通の人ばかり。少し拍子抜けでした。当日は、精神的にすごく落ち着いていました。ともに頑張ってきた彼女がそばにいるということもありましたし、自分自身も、やるだけのことはやった、自分が落ちるとしたら東大の方に問題があるというくらいの思いでいました。落ち着いて問題と対峙《たいじ》し、2日目の英語が終わり、シャープペンを置いた瞬間に思いました。

「かんばしい得点ではないだろうけれど、合格できた」

3月10日の合格発表は、自宅で母と祖母と一緒に見ました。Webを開いた瞬間、自分の受験番号が目に飛び込んできました。中2からこの瞬間を目標にやってきたのです。すごく嬉しかった。でも、僕はすぐに彼女の結果が気になり始めました。母や祖母が喜んでいるなか、素直に喜びきれず、複雑な気持ちで彼女からの連絡を待っていました。

努力できる環境が当たり前ではない

結局、彼女は合格とはならず、都内の別の大学にいくことになりました。その後いろいろあり、別れることになったのですが、UTFRをつくろうと思った理由の一つに彼女の存在がありました。

東大に入学して驚いたことがあります。努力を惜しまない優秀な東大生はもちろんいるのですが、それ以上に、東大に合格したことを当たり前だと思い、大学生活をただ漫然と過ごしている人が多いのです。彼女は、受験直前に家庭の問題が起こり、勉強に集中できず落ちてしまいました。純粋に東大にいきたいという思いで懸命にやってきた人が、環境のせいで落ちている。それなのに、大学進学を当然と思い、大学生活をただ漫然と過ごしている人たちもいる。結局、努力できる環境がある人が合格するのだなと感じました。努力できる環境は当たり前ではなく、環境に恵まれなければ、どれだけ思いが強くても合格が難しい。こうした現実を直視して、僕は悲しくなりました。

東大生となり1年近くが過ぎ、僕自身、開成や灘《なだ》などの出身者と同じ東大生として過ごしていることにもったいなさを感じていた時期でもありました。全然違う環境から、全然違う経験をして合格したことをもっと活《い》かす活動がしたいと思ったんです。そこで同じような境遇を持つ親友に思いを打ち明け、その親友の勧めもあり団体設立に至りました。

僕のように、非進学校から東大を目指したいと思っている人には、2つ伝えたいことがあります。一つは、環境は自分でつくるということです。高校生の間はどうしても身近な人、家族や先生、友人などの考え方に流されやすくなります。だからこそ、早いうちからいろんなことに参加して、いろんな人とつながってください。今の環境がどんなに居心地がよくても、その環境は永遠には続きません。また、違和感を持ちながらも同調圧力に負けていると、外に飛び出すことができなくなります。新たな人間関係をつくろう、情報を集めようと外に一歩を踏み出すことで、まだ見ぬ価値観や考え方に出合えるはずです。

もう一つは、まわりの言うことを鵜呑《うの》みにせず、自分で考えて判断することが大切だと

いうことです。例えば、「授業を聞かない生徒は大学に落ちる」などと言う先生がいます。そう言われたときに、本当にそうなのか自分で考えてほしいのです。授業をボイコットしろということではなく、自分が判断した上でよい授業だと思えたなら受ければいいし、不必要だと思ったら受ける必要はない。まわりの意見をそのまま受け入れているだけでは東大には入れません。自分で必要不必要を見分けられることが大切です。

僕自身、高校時代は、自分の環境を広げる努力をしませんでした。自分の環境のなかで通用する価値観のみで進路を決めてきたため、東大入学後に、何を学びたいのか悩むことになりました。しかし、環境をうらんで腐ってしまったら、そこで終わりです。この先、どんな道を選ぶかはまだ自分自身も分かりませんが、懊悩《おうのう》するなかでもかならず救ってくれる人やものとの出会いがあります。そこから新たなものを見つけ、環境を変えながら、人生をつくっていく。それしかないと思っています。

私の東大合格勉強法
大野康晴

学習計画ノート

日々の勉強管理に学習管理アプリ「スタディプラス」を利用。勉強の計画には、高２の１月から高３の２月までノートを活用。時期ごとに何をすべきかを決めた。その後は、数か月、数週間単位で何をすべきかを自分なりに考え、書き記した。受験勉強を少しだけ効率化でき、また自分の立ち位置を見失うことなく進められたと感じている。

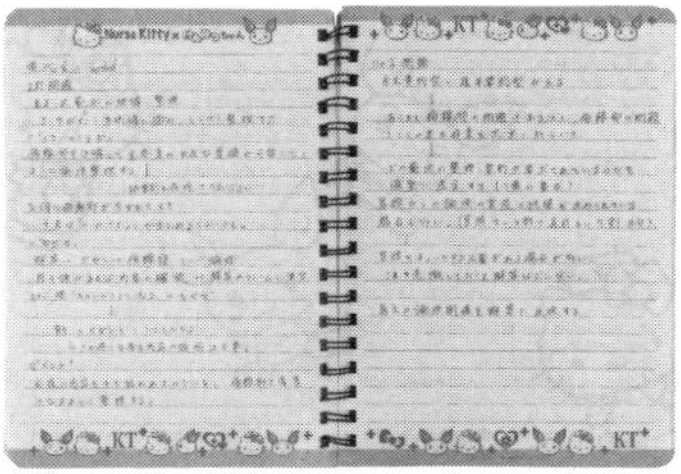

⬆二次試験の解き方のポイントも分析した。

数学は解くだけではダメ

高２の11月から『文系数学の良問プラチカ 数学Ⅰ・A・Ⅱ・B』（河合出版）を解き始めたが、全く解けず、答えを丸暗記するだけ。難易度が合っていないのかと、『チャート式基礎からの数学Ⅰ＋A』と『チャート式基礎からの数学Ⅱ＋B』（共に数研出版）に戻るが、理解して解いている感覚がない。高３の夏休み、鉄緑会の講師のアドバイスをもとに、問題の条件ごとに使うべき解法が決まっていることを意識することで、数学の解く力が伸びた。ここからは、量をこなすため、東大の過去問や鉄緑会の問題を中心に取り組んだ。

東大対策のための校外学習

高２の６月からBenesse鉄緑会個別指導センターで数学を受講。高３の４月から英語に切り替えたが、数学が伸び悩み、夏休みから英語と数学の両方を受けることに。高２の１月から、東進ハイスクールの東大特進コース（現代文、数学、世界史、古文）を受講。高３の11月からは、自宅で勉強するため、Ｚ会の「東大対策講座」（古典、日本史）に入会した。

高２で歴史の基礎完成

日本史と世界史は、高２の４月から取り組んでいた。高校のカリキュラムの関係で、日本史が選択できないため、独学で進めた。日本史は、教科書を読み込んだ後、過去問演習。世界史は、途中から授業の進度に合わせることをやめ、自分で進めることに。教科書を読み、穴埋め式の教科書ノートで人名や用語を確認して、歴史の流れや知識を頭に入れていった。また、日本史も世界史も、通史を理解するために、学習アプリ「スタディサプリ」で、映像授業を見ることも。もともと歴史オタクということもあり、勉強は苦にならず、高３の４月には、どちらも知識を定着させることができた。

使用した問題集・参考書

【国語】
竹村良三ほか『得点奪取古文ー記述対策』河合出版
田中雄二『漢文早覚え速答法　パワーアップ版』学研マーケティング
『鉄緑会東大古典問題集　資料・問題篇/解答篇』KADOKAWA

【英語】
『鉄緑会東大英単語熟語　鉄壁』KADOKAWA
杉山俊一ほか『やっておきたい英語長文700』河合出版
CHART INSTITUTE『CLOVER　英文法・語法ランダム演習　入試発展』数研出版
武知千津子『阪大の英語20カ年』教学社

【数学】
『チャート式基礎からの数学Ⅰ＋A』数研出版
『チャート式基礎からの数学Ⅱ＋B』数研出版
鳥山昌純『文系数学の良問プラチカ 数学Ⅰ・A・Ⅱ・B』河合出版
『鉄緑会東大数学問題集　資料・問題篇/解答篇』KADOKAWA
安田亨『東大数学で１点でも多く取る方法 文系編』東京出版

【世界史】
『新詳世界史B』帝国書院
荒巻豊志『荒巻の新世界史の見取り図 上・中・下』ナガセ

【日本史】
『詳説日本史B』山川出版社

英単語は反復と習慣化

英単語は、『鉄緑会東大英単語熟語　鉄壁』（KADOKAWA）を使用。書いて覚えようとしたが、手が痛くなること、また暗記すべき量が多いことで効率的ではないと感じた。音楽の歌詞は、何度も聞くうちに覚えることに気づき、単語帳も繰り返し読むことに。通学のバスの中で、左手に単語帳、右手に赤シートを持ち、意味の確認をしながら覚えていった。受験直前期は、索引を見て、意味の確認をやった。高２の11月から入試前日まで毎日、１日10ページを読み、最終的に10周以上見直した。英単語を覚えるには、習慣化と反復しかない。

阪大過去問で基礎完成

英語の長文は、高校の先生から勧められた『やっておきたい英語長文700』（河合出版）を使用。旧帝大・早慶上智を目指す人レベルの問題集のため、まずは解説を見ながらじっくりと読解していった。３回繰り返すことで、ようやく理解できるという域に。その後は、大阪出身ということで身近に感じていた大阪大学の英語の過去問に挑戦。英文和訳が多く、文法を理解していないと解けない問題なので、いい腕試しに。大阪大学の問題が解けるようになることで、英語の基礎力がほぼ完成したと感じることができた。

僕が東大に合格できたことは誰でも東大にいける証明

教養学部
教養学科3年
豊元慶太朗

豊元慶太朗（とよもとけいたろう）

1997年、沖縄県生まれ。母と２歳下の妹の３人家族。公立小学校卒業後、推薦入試で私立興南中学校フロンティアコース（偏差値49）に合格。興南中学校では剣道部に所属、首席で興南高等学校フロンティアコース（偏差値49〜60）へ進む。中３で剣道部を辞め、その後は、中高社会科部に所属。一浪の末、2017年に文科三類に合格。高校からは、４年ぶりの東大合格者となった。2019年８月から、交換留学生として北京大学に留学中。

受験科目

センター試験　国語、数学ⅠA・数学ⅡB、英語、物理基礎、化学基礎、世界史Ｂ、地理Ｂ

二次試験　国語、数学、英語、世界史・地理

試験の得点

現役　センター試験　**７４５点**　二次試験　**２５０点**

浪人　センター試験　**８２２点**　二次試験　**２７７点**

僕の東大合格には、とても大きなインパクトがあると思っています。

東大合格者数が県で一桁という日本一少ない沖縄出身で、学習環境は微妙で、母子家庭。当然裕福ではありません。環境として最も恵まれていない僕が合格できたんです。これは、世の中の誰もが東大に合格できるということの証明でもあります。だからこそ、僕の合格には社会的意義があると思っています。

小学生の頃、生活の中心にあったのは、5歳から始めた剣道でした。週4日稽古に通い、小6ではキャプテンとなり、県の団体戦で優勝したこともあります。

一方、勉強に関しては、恵まれた環境だったとはいえませんでした。当時の沖縄県は、「全国学力・学習状況調査」では47都道府県で最下位の成績をとっていました。高学年のとき、クラスは学級崩壊状態でした。立ち歩く人や教室を出て行く人もいて、落ち着いて学ぶ雰囲気ではありません。上下巻ある国語の教科書は上巻しか終わらなかったという年もありましたし、47都道府県名を学ぶ機会がなかったので、日本は「沖縄県と内地」、それだけという感覚でした。

ただ、僕自身、勉強は得意な方でした。授業で学んだ内容はすぐに理解できたし、隣の子に教えてあげることもありました。先生の説明が分かりづらいときは「どいて」と言って、僕が教壇に立って説明することも。今思うとやばい子でした(笑)。

このまま地元の公立中学校に進学するつもりだったのですが、5年時の担任が、県内にある私立の中高一貫校である興南中学校フロンティアコースへの推薦入学を勧めてくれたのです。公立中学よりも勉強を頑張れること、剣道の強豪校であることが理由でした。母はそのことがとても嬉しかったようで、金銭的には厳しかったと思うのですが「車一台買ったと思えばいいから」とローンを組んでいかせてくれました。


中学校では、剣道部に所属したので、小学生の頃と変わらず剣道中心の生活。平日は、授業前の朝練習に始まり、放課後は19時まで練習。休日も午前と午後の2回練習があり、剣道部にほとんどの時間を費やしていました。

成績は、約100人の同学年の中で、15番目くらい。当時は、自発的に勉強しようという思いはなく、授業と宿題のみ。小さい頃から剣道をやり、小6ではキャプテンとしてチームを引っ張る経験をするうちに、自分はしっかりしなくてはいけない、だらだらするのは自分らしくないと思うようになりました。授業を真面目に受けるのは当然のことだったし、宿題は提出しないと黒板に名前を書かれるので、それだけは嫌でした。だから自分としては勉強しているという意識がないのに、たまに学年で一桁の成績をとることもあり、剣道の時間を全部勉強にまわしたらもっと上にいけるんじゃないか、一度でいいから1番をとってみたいという思いが強くなっていました。

あるとき、母に「お母さんは、どんな高校生活だった？」と聞いたことがあります。母の返事は「遊んで、バイトしていた」のたった二言。そのとき僕は、そんな高校生活は嫌だなって思ったんです。高校の剣道部は、県で1位、2位を争う強豪です。このまま剣道を続けると僕の高校生活は「剣道。以上」になるんです。僕は体が小さいので、この先どんなに練習を積んでも全国で活躍するレベルになるのは難しい。それなら勉強の方がもっと上にいけるんじゃないかと感じていました。

また、剣道だけでなく、もっといろんな経験をしてみたかったんです。母校には、興南中高社会科部という部活があります。著名人にインタビューをしたり、首里城のボランティアガイドを行ったりと、社会や地域とつながりを持った様々な活動をしていました。その部活に本格的に関わりたい思いもありました。

⬆中学までは剣道に打ち込み、いろいろな大会にも出場した。

10年続けていた剣道です。僕自身すごく悩みました。顧問の先生からは「部活を辞めても勉強なんてしないよ」と言われたり、小さい頃から通っている防具屋の人などからは「もったいない」と惜しまれたりもしました。でも、僕のなかには強い思いがありました。自分はもっと上にいけるはず。そして、もっと様々な経験を積みたい。

中3の8月、中学の引退試合を最後に、剣道を辞めることにしました。

そこからは、剣道部の練習時間を勉強にあてました。すると、夏休み明けのテストで、いきなりの学年1位。これまでやっていなかった分、成果が出やすかったのだと思います。それ以来、成績は一桁台をキープし、興南高等学校へは首席での入学となりました。やればできる。この思いが、さらなる勉強へのモチベーションとなりました。

東大は日本一受験科目が多い大学

高1の6月の文理選択では、理系を選択しました。僕の高校では、成績上位は理系に進む人が多いこと、また、数学、理科が得意だったことが理由です。しかし、その後すぐに言語学に興味を持つようになりました。もともと英語が好きで、外国の人と話せることに魅力を感じていたからです。

最初は、東京外国語大学を受けようと思いました。国立大だし、レベルが高いし、外国語を専門的に学べると思ったからです。ところが入試科目を調べてみたら、二次試験は英語と歴史のみ。「物足りないな…」と感じてしまいました。

理系選択だったので、この先卒業まで、物理も化学も勉強することが決まっていました。数学だって頑張っています。それなのに、英語と世界史の2科目だけでいいなんて…。普通は、受験科目が少ないと喜ぶと思います。でも僕は、それが嫌だったんです。これから授業で学ぶ科目をできるだけ受験で使いたい、勉強をさぼりたくないと思っていました。

それは、剣道部を辞めた負い目が強くあったからです。剣道部の練習は相当きついです。真夏に防具をつけ、汗をかき、吐きそうになり、倒れ込んだとしても、「立て」と言われ、竹刀でボコボコにやられる。

それに比べたら勉強は余裕です。座っていればいいんです。それも涼しい部屋で。だから、もっと自分を勉強で追い込まなくてはいけない。剣道部が竹刀を振っている時間、勉強をしなければ、剣道部のみんなへの面目が立たないと感じていました。

僕は、一番受験科目が多い大学を調べました。それが東京大学でした。

東京大学。

もちろん受かるなんて思いもしません。ただ、東大を目指し、全教科を勉強する状況に追い込むことが剣道部への償いでもあり、頑張る原動力にもなってくれると感じたのです。

高1の秋のことでした。ここから僕は、平日4時間、休日6時間の勉強を始めました。

高1の秋に受けた模試で、初めて志望大学に東大と書いたのですが、それを見た担任から職員室に呼び出されたのです。

「なんで勝手に志望校を変えているんだ？　東大なんて、お前には無理だ」

先生は応援してくれると思っていたので、まさかの言葉にショックを受けました。こんなことを言う資格が先生にあるのか、そんな気持ちになりました。

「一番上までいきたいんです」

「そんな甘い考えでいけるような大学じゃない。どうせ途中で諦めるんだから、応援はできないぞ」

「諦めません」

「最後までE判定だったらどうするんだ？」

「全然いいです」

「じゃあ、東大のアドミッションポリシーを知ってるのか？」

覚えるくらい読み込んでいた僕は、その場で言ってやりました。東大は、国内外の様々な分野で指導的役割を果たしうる「世界的視野をもった市民的エリート」を育成することを使命だと考えていること、そのため、東大という環境のなかで、自ら主体的に学び、各分野で創造的役割を果たす人間へと成長していこうとする意志を持った学生を求めている。それを聞いた先生からようやく「分かった。じゃあ、頑張れ」と言葉が返ってきました。気づいたら僕は号泣していました。悔しくて腹が立って、仕方なかったのです。

しかし、今思うと、東大受験に反対したのは、先生なりの愛情だったのだと思います。母校から過去に東大を目指した人は何人かいたそうです。でも、みんな途中で諦める。東大対策のサポートが万全ではなく、東大を受ける人が誰もいない環境で、ひとり東大を目指す大変さ。経験した僕が誰よりも分かります。相当つらいです。

また、僕は、社会科部の活動として、那覇市のコミュニティラジオのパーソナリティをつとめたり、首里城のガイドボランティアをやったりと積極的に活動をしていました。東大は、勉強以外の活動をしながら目指せる大学ではない。東大受験のために部活を辞めるという選択をしてほしくないと考えていたようです。だからこそ、僕の気持ちが本気なのかを確かめたのでしょう。でも僕は思っていました。課外活動も満足いくまでやり遂げ、東大に合格するんだと。

一番遠回りして、一番ギリギリで合格する。

これが僕の目標でした。都会の進学校の人たちは、どうせ勉強しかしないで東大に来るんだろうと高を括《くく》っていたんです。自分は、そんな東大生とは違うと。実際は、課外活動など様々な経験をし、東大に合格した人はたくさんいたんですけどね(笑)。

そんななか、大きな影響を受けたのが、高2の夏休みに参加した「Asian Youth Development Program in Okinawa」です。アジア14か国55名の高校生が20日間、沖縄に集い、共同生活を行いながら、英語でエネルギー問題について学びます。英語は、学校の授業と独学で学んだだけですが、外国の高校生や帰国子女のなかに入っても意外とディスカッションができ、後半は一番英語ができるグループに入りました。

そしてなんといってもアジアからきた高校生がすごかった。休憩時間に、ベトナムとブルネイの子たちが訳の分からない物理の式を書いている。

「ケイ、これどう思う?」と言われて、「さっぱり分からんよ」と答えるしかなく(笑)。

ほかにも、4か国語話せる人がいたり、オックスフォード大学を目指していると言っている人もいました。また、そこに集まった日本人の高校生の多くが、今では、東大生、京大生になっています。意識が高く、知識も豊富な人たちに囲まれるなか、僕は自分が全然大したことないのだと痛感しました。このままの自分でいてはいけない。いつかまた、このメンバーと会ったときに、すごくなったと言われたい。そのためには、沖縄でくすぶっていてはダメだ。絶対に東大にいこう、そう強く思った出来事でした。

常に感じる、ひとりで東大を目指すつらさ

受験勉強に話を戻すと、高1から高2にかけては、英語と数学を中心に、平日4時間、休日は6時間の勉強を続けていました。母に経済的な迷惑をかけたくなかったので、予備校に通うつもりは端《はな》からありませんでした。

学校の先生がたは、熱心に応援はしてくれましたが、ほとんどの場合、頼るのは自分しかいないと感じていました。東大受験に関しての知識は、僕の方が詳しかったからです。予備校にもいかず、超進学校ではない環境では、東大受験に関する知識は座っているだけでは手に入りません。東大に合格するには、どんな参考書を使い、どう勉強をすべきなのか、意識的に情報を集めるようにしていました。

高2の頃から、勉強に疲れたときや寝る前に、Google《グーグル》を開き、東大受験に関するサイトや東大生のSNSなどから、よいとされる参考書や問題集を調べました。そして、書店に行き、実物を手に取り、どれを使うべきか見極めていく。その時間はすごく楽しく、参考書売り場に3、4時間いることもありました。参考書を選ぶ基準は、自分の知識よりも

上の内容であるかどうか。一番得意な分野のページを開き、僕が独学でようやく学んだ知識をカバーしていなければ、その参考書は信用に値しない。まだ知らない知識が書いてある参考書は、さらに自分を高め、東大へ近づけてくれる。これが僕の判断基準でした。

最終的に、参考書は、60冊くらい手をつけました。やる必要がなかったと感じる参考書、中身はよくても時間がかかり過ぎてしまう参考書など、失敗もたくさんありました。トライアンドエラーの繰り返しのなかから、高2の終わりには、時期ごとに使う参考書を決め、東大入試までの年間学習計画を立てました。

知識に関しても、受験情報と同じで、自分で参考書を読んだり、問題を解いたりしないと得られないものがたくさんありました。僕が学ぼうと思わなかったことは、自分の知識にはならない。誰かに教えてもらうという機会がほとんどなかったからです。

勉強中、集中が切れるとふと思うんです。灘高生はこんな内容は高2で終わっているんだろうな、鉄緑会に通っている人にとってこの問題はきっと簡単なんだろうなって。

そんな僕には夢がありました。友人たちと難問を出し合い、高め合ってみたかった。

でも、現実はこうでした。学校で配布されたクラスの誰もが使っている英単語帳。テスト前にクラスで問題の出し合いが始まると、僕は言います。

「どこから出してもらってもいいよ」

友人が難しそうな単語を選び、問題を出す。僕は完璧に答える。それが何問か続くと、クラスメイトたちは「豊元やべ〜」と驚きに沸いて終わる。

みんなが必死で覚えようとしている内容は、僕にとってはとうに終わっているものだったということはしょっちゅうでした。

また、学内で東大志望は僕だけなので、東大の過去問を解いているのは僕一人でした。難しいと感じた問題があっても、ほかの東大志望の人にとってはどう感じるのか分からず、解いている問題の難易度を掴《つか》むこともできない。

先輩でもいい、違う学校の人でもいい。同じ志を持つ人と切磋琢磨《せっさたくま》する機会があったら。情報を得るのも知識を学ぶのも全部自分でやるしかない。ひとりで東大を目指す孤独とつらさを常に感じていました。

それでも諦めなかったのは、背負うものがあったからです。僕は東大を目指していることを公言していました。みんなに宣言することでより頑張れるとか、そういう生ぬるいものではありません。

僕は、沖縄を背負っていると思っていました。

母子家庭で育ち、大学進学が当たり前ではない環境で育ってきました。小学生から積み重ねてきた知識もありません。金銭的な問題で予備校にも通っていない。そんな僕が合格できたら、少なくとも僕よりも恵まれている人は誰でも東大にいけるんです。それを証明できるのは僕しかいない。都会に住み、超進学校に通い、大手予備校に通っている人の東大合格と僕の東大合格が持つ意味合いはだいぶ違うはずだと思っていました。

現に僕が東大を目指すと言い始めてから、多くの人が応援してくれました。

お金が大変なはずなのに「いきたい大学にいけばいい」と言ってくれる母親。会えば「勉強、頑張ってる？」と声をかけてくれる剣道部の保護者の人たちや町の人たち。あるときは、生徒集会で校長先生から「慶太朗、東大受験の調子はどうですか？」と聞かれたことがありました。僕はそれがとても誇らしかった。学校で1番の成績ではないけれど、この学校に東大志望がいるということが、後輩たちに大きな刺激を与えている。さらに僕が東大に合格したら、頑張ればなんでも叶えられるという夢を与えられる。だからどんなにつらくても、成績が上がらなくても、一度も東大受験を辞めようなんて考えたことはありませんでした。

これ以上ないくらい頑張った結果

模試では、高1の秋から高3の夏休みまでずっと合格圏外のE判定ばかり。都会の超進学校に通っている人たちは、小学生から勉強をしている。確かに僕は高校からしか勉強していないけれど、ここまでダメなのか…。E判定の結果を見るたびに切ない気持ちになりました。

僕は、さらに勉強時間をのばすことにしました。毎朝4時半に起きて勉強し、学校へ行き、休み時間も勉強、夜は20時まで学校に残って勉強。帰りは迎えの車の中で晩御飯を食べ、夜は24時まで勉強という生活を続けました。睡眠時間を削ったので、眠くなると、授業を立って受けることもありました。頭がおかしくなりそうでした。

高3の秋の東大模試で、初めてのC判定。すごくテンションが上がりました。それでもまだ合格圏外。睡眠4時間の生活を続けました。当時は、沖縄では一番勉強していると思っていましたし、事実そうだったと思います。塾に行き、授業や学校行事に手を抜く人が多いなか、僕は授業中に一度も寝ることなく、部活動など課外活動も積極的に参加してきた。全力ですべてに取り組んできた。それもお金をかけず、たったひとりで。

その自信が、僕の支えでした。

やるだけやって臨んだセンター試験。結果は、745点。合格圏内とはいい難い成績です。東大を受けるか悩む僕に、以前「東大は無理だ」と職員室に呼び出した担任が言いました。

「お前は東大を受けるんだろ。何を悩んでいるんだ？　そんな暇があったら勉強しろ」

その言葉に背中を押され、僕は、東大二次試験を受験しました。感触としては五分五分。合格発表の日。リビングで、母と妹と一緒に合格発表を見ました。開いたスマホの画面に僕の受験番号はありませんでした。ダメだとどこかで思っていたけれど、それでもやっぱり悔しくて、僕は泣きました。そんな僕に母が言いました。

「これまで頑張ってきたんだから、いきたくない大学にいく必要はないよ」

東大以外受ける気がない僕の気持ちを汲んでくれた母の言葉のおかげで、僕は、あと1年、東大に向けて勉強する時間をもらったのでした。

もう少し頑張ればよかったという後悔は一切ありませんでした。これ以上ないくらい、死ぬほど頑張った結果だから。入試の得点開示が届き、それを開いてみて驚きました。合格最低点にたった3点足りずに落ちていたんです。奇跡だと思いました。これまで僕のやってきたことは間違いではなかった。あと1年頑張れば確実に合格できると浪人生活をスタートさせました。

浪人期は、特待生として授業料免除で通える塾に通いました。週に2回、過去問対策の授業を受ける以外は、自宅か自習室で勉強。夏頃までは1日8時間勉強していましたが、誰とも話す気が起きず、家族とも「おはよう」「おやすみ」くらいしか言葉を交わさない日が続きました。

夏の模試で初めてのA判定。すごく嬉しかったけれど、以前のように勉強に向き合うことが難しくなってきました。9時に起きて、甲子園を見て、昼になり、ようやく勉強しようかと重い腰をあげる。そんな自分に嫌気がさしました。こんなことしていたら現役生に追いつかれてしまう。その反面、もう何をやればいいのか分からなかった。過去問は30年分やりきったし、やるべきことはすべてやってしまった。もう勉強する量は足りている。僕に足りないのは、元気だと思っていました。

秋から冬にかけては、睡眠もとれず、食欲も落ちていきました。12月は勉強が手につかない日もあり、入試の日までどう気持ちを紛らわせ、時間を費やせるかと考えていました。とにかく早く試験を受けたい。やる気云々《うんぬん》よりも、受験に向けて気持ちを保つことの方に精一杯でした。そんな僕の気持ちを楽にしてくれたのが、塾で東大を目指す現役生の仲間や先生でした。僕は、国語が苦手で、そのせいで東大に落ちたと思っているくらいでしたが、そんな僕に国語担当の先生が言ってくれたのです。

「お前さんほど頑張っているやつは見たことないし、この10年で一番国語ができる生徒だ。

絶対に合格する。だからもう勉強のことは気にするな」

この言葉が本当に嬉しかった。

2017年3月10日、一浪の末、念願の東大文科三類に合格。多くの人が喜んでくれました。学校には垂れ幕が掲げられ、僕を見かけた後輩たちは、窓から「おめでとう〜」と祝福してくれる。保育園の先生や赤ちゃんの頃通っていた耳鼻科の先生からもお祝いの電話がかかり、母の会社の同僚も祝賀会を開いてくれました。

沖縄にも勉強を頑張る道をつくりたい

ほかの東大生とは根底にあるものが違う。小学生からの知識の積み重ねがない僕は、そう感じてきました。上京してからも、東京の隣は静岡県だと思っているくらいでしたから（笑）。ただ、すごい人がたくさんいると期待して入学した東大でしたが、思ったより少なかった。勉強よりもサークルや就活などに力を入れている東大生が多い。あまりに大学での学びをおろそかにしている人を見ると、現役時代の自分を合

⬆家族や親戚が開いてくれた祝賀会。東大合格をみんなが喜んでくれた。

格させてあげたいくらいです。僕は今でも、東大で一番頭が悪いと思っています。でも、一つのことに対して努力する才能は、きっと日本でも優れている方だと感じるようになりました。

それでも東大には、沖縄とは真逆の雰囲気があります。それは、どんなに大口を叩《たた》いても笑われないということ。沖縄にいた頃は、将来の野望を語ると、「はいはい、おもしろいね」と拍手されたり、「あとで恥ずかしい思いをするから、そんなこと言わない方がいいよ」とたしなめられたり。そういう雰囲気がすごく嫌だったんです。でも、東大生は違います。「いつか学校を建てたい」と話すと、海外に学校を建てるプロジェクトに参加したことがあるからとアドバイスをくれたり、「国際機関で働きたい」と言えば、知り合いが働いているから紹介するよと言ってくれたり。そんな人がたくさんいます。

沖縄は、勉強を頑張ってもなんにもならないという風潮が強いように感じます。きっと、勉強を頑張るその先に何があるのかが見えないからだと思います。例えば、スポーツで頑張れば甲子園があるし、また、ボクシング元世界チャンピオンの具志堅用高さんもいます。歌やダンスを頑張れば、安室奈美恵さん、ＨＹさんなど芸能界で活躍している人たちがいます。沖縄の子どもたちにとって、スポーツの道、芸能の道への目標があっても、勉強の道においては目標となる人がいないんです。

だから僕は、その道をつくりたいと思っています。いつか、「勉強で頑張った人は？」という質問に対して、沖縄県の子どもたちが、5歳児であっても、みんなが声を揃《そろ》えて「とよもと！」と答えるような存在になりたいんです。地頭や環境のよさではなく、勉強の道においても努力で目標を達成できる人をもっと増やさなくては、発展性はないはずです。

「かならず沖縄に帰ってくるので待っていてください」

こう宣言をして、沖縄を出てきました。今は、東アジアの政治を学んでいます。卒業後は、国際機関で働き、キャリアを積み、どんな場所においてもリーダーとなれるような人物となる。そして故郷に帰り、沖縄のために働きたいと思っています。

そのために僕は必死に学び続けています。

私の東大合格勉強法
豊元慶太朗

苦手をまとめたノート

常に持ち歩いていた小型のルーズリーフ。教科は問わず、模試や過去問で気になる問題や解けない問題だけを書いてファイリングした。青色は「理解できた」、黄色は「もう少し」、赤は「理解できていない」とインデックスで色分けをしている。このノートをつくることで、できない問題を集中的にやり直すことができ、試験前にもさっと確認でできるため、成績アップにつながった。

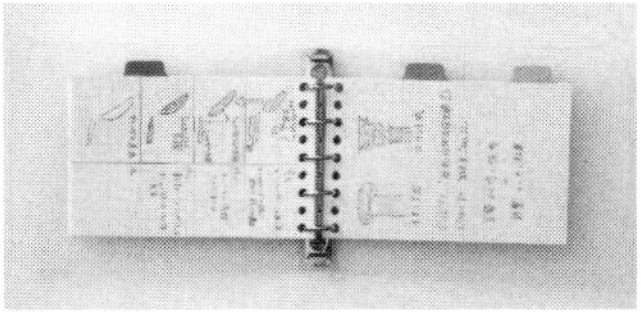

⬆ポケットに入るサイズにまとめた。

自分を鼓舞するノート

現役時のセンター試験50日前から書き始めた。毎日必ず自分の気持ちを振り返り、気持ちをかき立てる言葉を綴《つづ》った。現役のときも浪人のときも、東大二次試験の前日のコメントは、読むと泣けてくる。東大生となった今でも元気がなくなったときに、「なんのために東大にきたんだ」と読み直しては自問自答している。

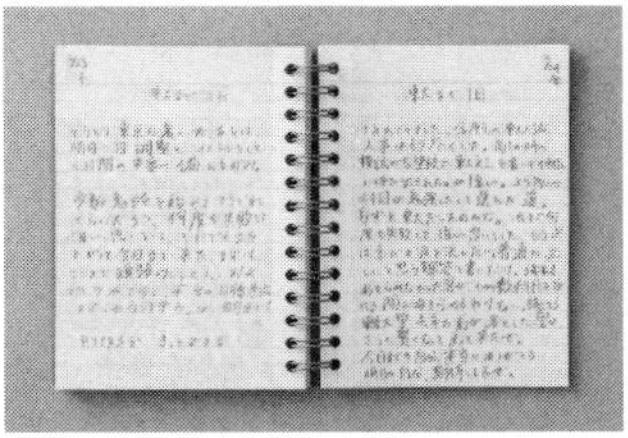

⬆浪人の二次試験前日に綴った言葉。

校外学習は通信添削のみ

親に金銭的負担をかけたくなかったため、基本的に独学で進めた。ただ過去問の添削を自分でやるのは厳しいと感じ、高３の10月からＺ会「東大対策講座」に入会。演習の添削が返却されたときは、「お金を出せばここまで丁寧に見てくれるんだ」と非常に感動した。浪人期は、Ｚ会を続けながら、那覇市にある塾『即解ゼミ127°E』に入塾。過去問対策などを行った。

手帳でスケジュール管理

スケジュール管理は、ウィークリー形式の手帳を使用。起床、睡眠時間を書き、何時にどの教科をやったか、どんな問題集を使ったかなどを記入。また、その日の評価と反省点の両方も記していった。

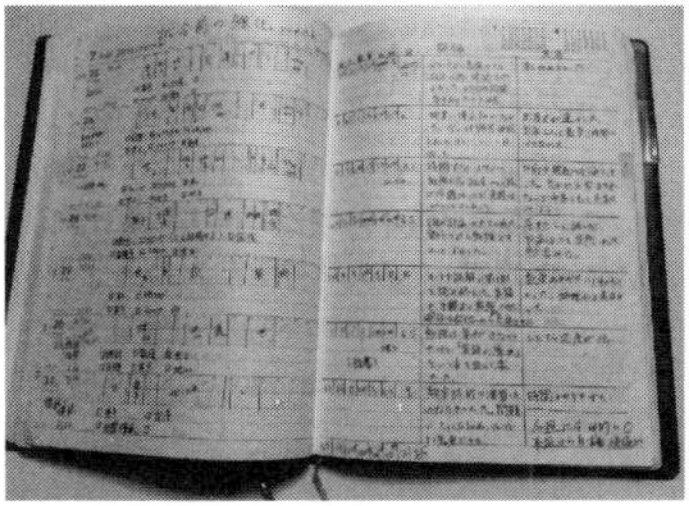

⬆受験勉強のペースメーカーとなった。

桑原信淑ほか『基礎英文解釈の技術100』桐原書店
霜康司ほか『システム英熟語』駿台文庫
飯田康夫『英語構文基本300選』駿台文庫
東大模試過去問50セット、東大過去問

【物理基礎・化学基礎】
漆原晃『センター・マーク標準問題集物理基礎』代々木ライブラリー
亀田和久『センター・マーク標準問題集化学基礎』代々木ライブラリー
センター過去問、センター模試過去問

【地理】
瀬川聡『センター試験 地理B講義の実況中継①系統地理編』語学春秋社
瀬川聡『センター試験 地理B講義の実況中継②地誌編』語学春秋社
瀬川聡『瀬川聡のセンター試験地理B［系統地理編］超重要問題の解き方』KADOKAWA
瀬川聡『瀬川聡のセンター試験地理B［地誌編］超重要問題の解き方』KADOKAWA
宇野仙『大学入試地理B論述問題が面白いほど解ける本』KADOKAWA
センター過去問、東大過去問

【世界史】
岩田一彦『大学受験ココが出る!! 世界史Bノート』旺文社
黒河潤二『30日完成　スピードマスター世界史問題集－世界史B』山川出版社
『入試に出る世界史B用語&問題2000』Z会
小豆畑和之『元祖世界史の年代暗記法』旺文社
『段階式　世界史論述のトレーニング』Z会
『実力をつける世界史100題』Z会
センター過去問、東大過去問27年分すべて

使用した問題集・参考書一覧

【国語】
井上摩梨『ステップアップノート30 古典文法トレーニング』河合出版
菊地隆雄ほか『基礎から解釈へ　漢文必携』桐原書店
富井健二『古文単語FORMULA600』ナガセ
『現代文キーワード読解　頻出テーマ×必修語210×入試問題』Z会
晴山亨ほか『上級現代文Ⅰ』桐原書店
晴山亨ほか『上級現代文Ⅱ』桐原書店
センター過去問、センター模試過去問、東大模試過去問、東大過去問

【数学】
『チャート式基礎からの数学Ⅰ＋A』数研出版
『チャート式基礎からの数学Ⅱ＋B』数研出版
安田亨『東大数学で1点でも多く取る方法 文系編』東京出版
鳥山昌純『文系数学の良問プラチカ 数学Ⅰ・A・Ⅱ・B』河合出版
『センター試験必勝マニュアル 数学ⅠA』東京出版
『センター試験必勝マニュアル 数学ⅡB』東京出版
センター過去問、東大模試過去問

【英語】
木村達哉『夢をかなえる英単語 新ユメタン1：大学合格必須レベル』アルク
木村達哉『夢をかなえる英単語 新ユメタン2：難関大学合格必須レベル』アルク
木村達哉『夢をかなえる英単語 新ユメタン3：スーパーハイレベル』アルク
木村達哉『灘校キムタツの東大英語ライティング&グラマー』アルク
木村達哉『灘高キムタツの東大英語リスニング』アルク
木村達哉ほか『キムタツ式　はじめての英文速読　入門レベル』旺文社
杉山俊一ほか『やっておきたい英語長文700』河合出版
杉田直樹『合格へ導く英語長文Rise 読解演習4最難関編 東大·早慶上智レベル』Z会

一点の曇りもなく先生を信じる非進学校だから、私は合格できた

教養学部
理科一類2年
山田春佳

山田春佳（やまだはるか）

1999年、愛知県生まれ。父、母、１歳下の妹の４人家族。６歳からアメリカで暮らし、小５の９月に帰国。愛知県の公立小学校に通う。私立聖マリア女学院中学校（偏差値34）にトップの成績で合格、その後、聖マリア女学院高等学校英特・特進コース（偏差値47〜54）へ進学。中高６年間は、ディベート部に所属。2018年、理科一類に現役合格。高校初の東大合格となった。翌年、別の高校に通っていた妹も理科一類に現役合格している。

受験科目

センター試験　国語、数学ⅠＡ・数学ⅡＢ、英語、物理、化学、倫理、政治・経済

二次試験　国語、数学、英語、物理・化学

試験の得点

センター試験　**８４７点**　二次試験　**２５０点ほど**

父の仕事の関係で、6歳から小5の夏までアメリカのジョージア州で育ちました。アメリカの小学校は、やりたいことをやらせてくれる、自由でふわふわした雰囲気がありました。日本のように5段階で3の成績をとる生徒が一番多いというわけではなく、1と5の子がたくさんいるのですが、1の子がつらい思いをするわけでもなく、5の子がえらぶるわけでもない。競争がなく、とても居心地がよかったんです。

小5の9月に帰国、愛知県の公立小学校に通い始めました。集団行動を求められ、何かあれば連帯責任をとらされることに、なんて厳しいのだろうと衝撃を受けました。また、運動神経のよい子たちがクラスを牛耳《ぎゅうじ》り、その子たちを中心にクラスの雰囲気や物事が決まっていく。運動神経の悪い私には発言する自由というものがなく、だからといって、黙って従う協調性もありませんでした。

さらに苦労したのが、日本語。アメリカでは家のなかだけでしか使わなかったので、おぼつかないところがあり、特に方言で話されると、ぽかんとなってしまう。掃除の時間、先生から「机をつって」と言われたときは、（つる？　天井からつるの？）と考えていると、「何やっているんだ！」と叱《しか》られることに。単に机を後ろに「寄せる」という意味でした。

このまま公立の中学校にいくのはきついなと感じ、中学受験をすることにしました。

学校を選ぶ条件は2つ。女子校であること、英語ディベート部があることです。女子校は運動神経が悪い子が多いという話を聞き、私でも大丈夫かなと思ったから。英語ディベート部は、アメリカで身につけた英語を使い、勝ち負けのある勝負ができるというところに魅《ひ》かれました。

英語ディベート部がある女子校は、東海地方で2校。一つは、愛知県最難関の女子校。そしてもう一つが、聖マリア女学院中学校でした。最難関の女子校は、当時の私の偏差値よりも15も上で、絶対無理だと思いました。性格的に、無理なものには興味を持たないところがあるので、頑張っていこうとまでは思いませんでした。それに聖マリア女学院は、オープンキャンパスに行き、「あ〜ここだ」って、ビビッときたんです。緑に囲まれた校舎。聖書を基盤とした情操教育を行い、語学教育にも力を入れている。熱心な先生に、エネルギッシュな先輩たち。そして何より、自由な雰囲気が自分好み。一目惚《ひとめぼ》れでした。

成績は問題がなかったため、不安なく受験。トップの成績で合格し、入学式では新入生代表の挨拶をしました。校則が厳しく、異性との個人的な付き合い禁止、前髪は眉毛より上、髪の毛は襟《えり》についたら結ぶなど細かい決まりはありましたが、それはあまり気になりませんでした。それよりも、何かを決める場合は、みんなが自由に意見を言い合える、やりたいこともやれる。そんな雰囲気がとてもよかった。そして、本当に運動が苦手な子ばかりだったんです。小学校では一番運動ができなかった私が、真ん中くらいに！「平和だ〜」と感じました。

カトリック推薦で上智大学を目指す

中学生の頃は、授業は簡単で暇だと感じていましたが、自分とまわりには学力差があるので仕方がないことでした。母校では、入試の成績で1番から10番までを特待生として選ぶのですが、2番から10番だった子は別の学校にいき、抜けているのです。だから、定期テストは、常に1番の成績。それ以外はとったことがありませんでした。

聖マリア女学院高校の生徒は、1学年90名中70名ほどが指定校推薦やカトリック推薦（カトリック系の大学が、全国のカトリック系高校を対象に設けている推薦制度）で大学へ進学します。推薦で一番偏差値が高く、人気があるのは上智大学。推薦枠は10名ほどありました。当時は、外交官になりたいという思いがあったので、上智大学への推薦を狙っていました。一般入試で大学にいける学力はないと思っていたからです。

私には、一つ下にとても優秀な妹がいます。幼児期に2人で受けていた七田式《しちだしき》教育では、彼女は暗記は早いし、文章はすらすら大量に書く。一方私は、全然覚えられないし、短い文章しか書けない。アメリカにいる間も比較対象は妹だけなので、私はずっと頭が悪いと思っていました。コンプレックスを感じないほど圧倒的な差。妹は異次元の人。その妹が東海地区で最難関の女子校に入り、中1の頃から「東大にいく」と勉強をしている姿を見ていました。自分は推薦で上智大にいければいい。勉強は妹に頑張ってもらい、私は自分がやりたいことをやろうと思っていました。

それはもちろんディベート部の活動でした。

中学には、日本語ディベート部しかなかったので、日本語でディベートの基礎を学びました。アメリカでの生活が長かったので、日本語に精一杯でした。

高校生になり、念願の英語ディベート部に入部。高2からは、部長として最後の全国大会に向け、全精力を注ぎました。ディベートは、一つの論題に対して、肯定側と否定側の2つに分かれて討論する競技です。相手を責め立てればよいわけではなく、説得力のある方が勝ちとなります。進学校の方が強くはあるのですが、準備をたくさんやれば勝つこともできる。進学校に勝ったときは「してやったり」と、とても嬉しかった。

⬆英語ディベート部のメンバーと(写真前列右)。高1では全国大会出場、高2からは部長として部をまとめた。

最後の大会の論題は「ベーシックインカムを配るべきか」。図書館で本や資料を漁《あさ》り、夜中の2時までパソコンにかじりついて調べものをしました。ところが、啓蒙《けいもう》的なコーチと意見が合わず喧嘩《けんか》となり、コーチが辞任。夏休みには、勉強に集中したいなどの理由でメンバー2人が退部。大会出場すら危惧《きぐ》される状況となっていました。ここまで必死で準備してきたことを無駄にはしたくない。推薦で大学が決まった先輩に出場をお願いし、人数を合わせ、なんとか出場。県大会は2位で通過したのですが、決勝大会出場にはわずかに点数が足りず、落選。いくつかの危機を乗り越えてここまでやれたことに達成感は大きかったけれど、悔しさが残りました。その悔しさを払拭《ふっしょく》するために、高2の12月、一緒に戦ってきたメンバーと小さな大会に出場して、私の部活は終わりました。

学校の先生が全力で東大受験をサポート

東大を初めて意識したのは、中3の10月頃です。外交官になりたいと思っていたのですが、国語と社会が壊滅的に悪く、理系科目の数学と理科は点数がとれている。自分は将来何がしたいか分からなくなり、担任に相談をしました。

「だったら東大を目指してみたら？」

予想外の答え。東大は、1、2年が教養学部のため、やりたいことが見つからない人には向いている。模試の結果は、難関国公立を狙えるギリギリの偏差値。ここからめちゃくちゃ努力して成績が上がれば、受かるかもしれないとのことでした。

このときは本気で目指そうなんて思えませんでした。ただ、「最近、数学が好きなんです」と話すと、「数学の先生に伝えるね」と担任の先生が言ってくれて、ここから、数学の先生とのマンツーマンの補習が始まりました。

数学の補習は、週2回、放課後に1時間半くらい。授業では扱わない難問をみっちり解きました。また、「解けたらいつでも持っておいで」と机の上に問題が置かれていることも。私は解けると同時に、掃除の時間でも休み時間でも職員室に走って行っていました。この数学の補習は、より濃密になりながら東大入試直前まで続きました。

この補習のおかげで数学に磨きがかかり、高校では理系を選択。英語と数学の成績がよかったので、模試では、早稲田大学にA判定が出ていました。数学の補習を続けて2年が経った高2の秋、河合塾の模試で、英語は9割以上、そして数学ではなんと満点をとったのです。数学の先生から「満点は見たことない！」とべたぼめされ、このことで私は「東大にいけるかも！」と調子に乗り、東大を第一志望にすることにしました。

高2の12月に部活を引退。ここから東大に向けての受験勉強をスタートさせました。

ただ、私の高校は、ほとんどの生徒が推薦で大学にいくため、同級生で一般受験したのは90人中8人ほど。国公立を受験し、合格したのは私だけでした。学力レベルもお世辞にも高いとはいえず、高3のときに進学クラスにいた友人から、「$3x+6y+9=a(x+2y+3)$のaを求めよとあるけど、分からないよ～」という質問をされたこともあります。

さらに、同学年で、物理選択は私一人。化学と数Ⅲ、社会の倫理、政治・経済の授業がスタートしたのは、高3からでした。

そんな状況でしたが、不安は全くありませんでした。進学校ではないという一般的にはマイナスの状況が、私の東大合格へ非常にプラスに作用しました。私の東大合格に向けて先生がたが「チーム山田春佳」となり、一丸となってサポートしてくれたのです。

物理は、高2の4月から授業がスタート。私一人の授業だったので、理解できる部分は説明なし。つまずく部分だけじっくり解説をしてくれたので、高2の11月には全範囲終了。普通の授業のように理解できている部分を延々と聞かなくてはいけないという苦痛もなく、効率よく進めることができました。

高3の4月からスタートした化学は、授業には

⬆放課後にマンツーマンの補習を続けてくれた数学の先生。

20名ほど出ていたのですが、受験科目で必要なのは私だけ。物理と同様、私に進度を合わせての授業だったので、夏休みに入る前には全範囲の5分の4は終わっていました。ほかの子はついてこれていなかったので、「ごめん」と心のなかで思いながらの授業でした。

そして、倫理、政治・経済は、授業がそもそもなかったため、「東大を受験するためにはセンター試験で必要です」と先生に相談すると、放課後の補習授業がスタートしました。もちろん数学の補習も続けており、倫理、政治・経済、物理、現代文が加わることで、放課後の補習は週4日に。また、土曜日も数学の先生と約束をして学校へ行き、「無限数学タイム」といって、9時から18時までずっと数学の問題を解いていました。

高3からは現代文と数学のみ予備校に通うことにしました。

現代文は、成績がひどすぎる上に私のやる気がないため、「放課後の補習に加えて、強制的に学べる環境にいった方がいい」と先生に言われ、通うことに。また、数学は、補習をしてくれていた先生が、駿台予備校の五藤勝己先生を信奉しており、五藤先生の講演会があれば自腹で東京まで行くほど。その話を聞くうちに、私も受講したくなったのです。どちらも東大受験用のクラスではありませんでしたが、東大対策は高校の先生がたがやってくださっているので、必要を感じませんでした。

高校には、生徒を東大に合格させた経験のある先生はいなかったし、推薦で大学にいったため受験を経験していない先生もいました。確かに、予備校の方が受験に関する情報を持っています。しかし、先生がたは、全力で情報を集めてくれて、私一人のためにスケジュールを組み、勉強法も考えてくれる。ここまでやってくれる予備校はないはずです。

「先生、私を東大レベルまで引き上げて」

成績は順調に上がり続け、高3の秋には模試で東大理一にA判定。勉強に関してのストレスはありませんでした。ただ、その頃から、まわりは推薦でどんどん大学を決めていっていました。8割以上が推薦のため、ほとんどの子が一般受験のことを全く知らない。そのため「センター試験で東大は決まるの?」などと聞かれることもありました。勉強をほとんどせずに指定校推薦を決めた子から「頑張ってね」と声をかけられたときは「きみが頑張りなよ」と心のなかで返すこともありましたし、冬休み明け、旅行のお土産をもらったときは、そのやさしさがつらかった。幸せな

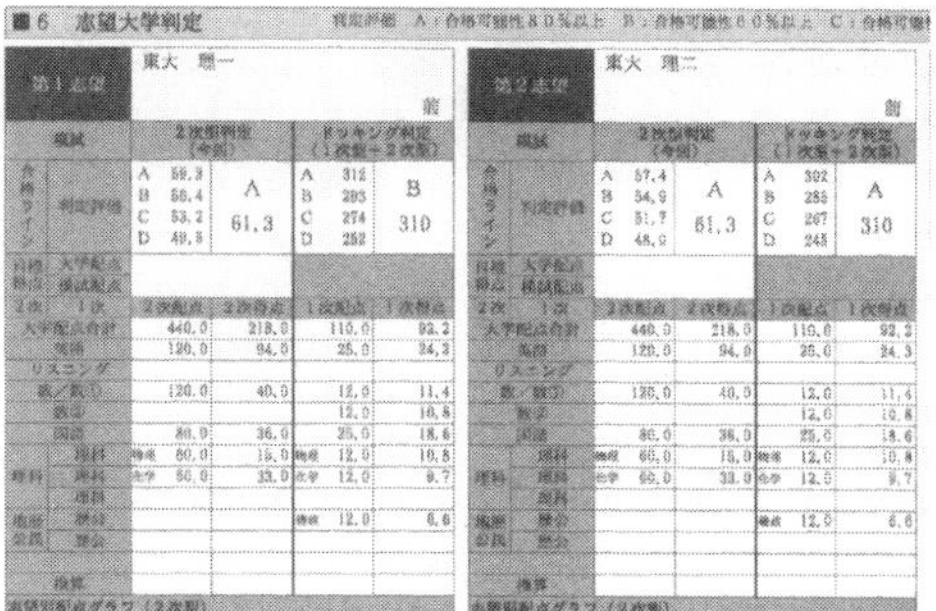

⬆高3の11月に受けた「東大入試実践模試」(駿台)の結果。着実に成績を上げ、東大A判定をとった。

ことは自分たちだけでいいから、私のことは放っておいてほしかった。大学が決まり、浮き立つ雰囲気のなか、情緒不安定になり暴食してしまうこともありました。

12月には、早稲田大学理工学部に英語推薦で合格。一つよいことがあると物事が順調に進む私の性格を見越した先生に勧められての受験でした。この合格でだいぶ気持ちが楽になり、1か月後のセンター試験では、847点。9割を超え、満足のいく出来でした。

二次試験対策も、東京に行く前日まで制服を着て学校に通いました。通学には片道2時間かかるのですが、家にいると欲望に負け、スマホを触ったり、テレビを観たりしてしまう。その点、教室で勉強していると、数学、物理、国語の先生が時間を見つけて顔を出してくれて、過去問対策をしてくれました。数学は、先生と机を並べて座り、同時に問題を解き始め、解き終わるとお互いに答え合わせをし、正解した方が黒板で解説をする。どちらも解けなかった場合は、「なんだこれ?」と言いながら一緒に解説を読んでいく。その時間がすごく楽しかったです。

そして迎えた二次試験。これまでの東大模試では、英語、国語、数学、理科の4教科の合計得点の半分近くを英語でとっていました。それなのに、二次試験の英語が全然解けた気がせず、本当に悲惨な状態。もうダメだという思いしかありませんでした。

3月10日、合格発表の日。起きるのが嫌で、ベッドで布団にくるまっていました。落ちたらどうしようと不安で仕方なかった。正午になり、スマホを開いて合格発表を確認すると、自分の受験番号があるのです！　その瞬間、私は飛び起き、ベッドの上を何度も何度も飛び跳ねました。そして、そのまま1階まで駆け下り、台所を「わ――」と言いながら走り回りました。そんな私の様子を見て、母は号泣。修学旅行中の妹にも電話をかけ「合格したよ」と伝えると、妹も宿泊先の食堂を走り回って喜んでくれました。さすが姉妹です(笑)。本当に嬉しかった。

この日、実は数学の先生が本郷に合格発表を見に行っていたんです。「本郷まで見に行ってくる」と言われたときは、「落ちているかもしれないからやめてほしい。そもそも私が行かないのに、なぜ…」と思ったのですが、それだけ自分のことのように私の受験に付き添い、応援してくれていたのだと感じました。私に東大に合格する力をつけさせるために自腹で東京で行われる講習に参加したりしていたので、車の修理代がなくなり、先生はしばらく自転車で通勤するほどでした。

どうしてここまで先生がサポートをしてくれたのか。

学校から初の「東大合格」を出したいという思いはあったと思います。でもそれ以上に、私が先生がたを信じたことが嬉しかったそうです。

東大を受験すると決めたときに先生にお願いしました。

「物理、化学、英語は絶対に予備校にいかない。先生、私を東大レベルまで引き上げて」

この言葉で先生がたのやる気に火がついたと、後から聞きました。

これまで、母校からは何年かに一人は旧帝大を目指す生徒がいたけれど、みんな予備校に頼りっきりになり、先生たちはサポートができず、残念な思いをしてきたそうです。この話を聞いたときに、当たり前だけど、先生も教えたくて教師という職業を選んでいるのだと気づかされました。私が一点の曇りもなく信用したことで、先生がたは一致団結し、東大合格に向けて取り組んでくれたのだと思います。そして、中学校に入学した時点では東大に入れる成績ではなかった私を、東大合格まで導いてくれたのです。


高校時代は何をやりたいのか悩むこともありましたが、東大の教養学部で様々なことを学ぶうちに、建築物や設計に興味が出てきました。小さい頃から、空間認識力を試す問題が得意で、正方形の積み木が何個積み重なっているかを答える問題だけは、妹よりもできていたんです。この能力はこれまであまり活かせる場面がなかったのですが、大学で建築系の授業を受けるなかで、やっぱり向いていると気づくことができました。そこで3年からは、土木系の学科に進学予定でいます。

東大合格者がいない高校から東大を目指すことは厳しいと思います。まわりにロールモデルとなる先輩もいないし、ノウハウを持っている先生もいない。また、東大を目指すことで大きな期待をかけられるし、同級生からも変に注目をされてしまう。

でも、勇気を持ってその一歩を踏み出してみてください。そして是非、先生を頼ってみてください。「助けて」と手を出せば、きっとその手をしっかり握ってくれるはずです。

私の東大合格勉強法
山田春佳

センター高得点問題集

倫理、政治・経済は、センター試験２か月前から、過去問もほかの参考書も使わず『センター試験　倫理、政治・経済の点数が面白いほどとれる本』(KADOKAWA)だけで仕上げた。それでもセンターでは、98点とれた。また、帰国子女で漢字が大の苦手だったため、『生きる漢字・語彙《い》力』(駿台文庫）を使った。毎日30分、その時間のなかで覚えられるだけ覚えることで、センター試験の漢字は全問正解することができた。

⬆間違えた問題にふせんを貼った。

使用した問題集・参考書

【国語】
霜栄『生きる漢字・語彙力』駿台文庫
東大過去問（現代文15年分ほど）

【数学】
東大過去問（15年分ほど）

【英語】
東大過去問（前年度のみ）

【物理・化学】
卜部吉庸『理系大学受験　化学の新演習』三省堂
東大過去問（前年度のみ）

【倫理・政経】
奥村薫『センター試験　倫理、政治・経済の点数が面白いほどとれる本』KADOKAWA

問題・過去問も先生が用意

東大受験に関しては、教材も先生が用意してくれる問題や過去問を使っていたため、参考書や問題集をほとんど買うことはなかった。高３になり、苦手な現代文は、学校の指導だけでは足りないと週１で河合塾の難関国公立コースに。数学は、補習をしてくれた先生が信奉していた五藤勝己先生の授業を受けるために週１で駿台予備校に通う。どちらも東大専門のコースではなかった。

化学は先取り演習

『理系大学受験　化学の新演習』(三省堂）は、高校の化学の先生から「誰も使わないから１年間貸しておくね」と猛プッシュがあり使うことに。化学の授業が高３の４月からスタートしたため、受験で高得点をとるレベルまではもっていけないと感じ、また、授業の進度に合わせていてはより遅れてしまうとも感じて、この問題集で先取り学習をした。１日１問ずつ、夏休みは１日３問ずつ解いた。最後まで一番難しいレベルの問題は解ききれなかったが、それ以外は解けるようになったので、ある程度の力はついたのではないかと感じている。

東大に効率よく合格する方法は高校へいかないことです

教養学部
文科一類2年
神田直樹

神田直樹（かんだなおき）

1998年、東京都生まれ。父、母の３人家族。公立小学校６年生の終わりにドイツへ移住。ミュンヘン日本人国際学校中学部に入学。卒業後は、高校進学はせず、NHK学園高等学校・ネット学習海外コースに所属しながら、ドイツで独学生活をスタート。現役では文科一類を受験し、不合格。ドイツで浪人生活を１年送る。2018年、文科一類に合格。UTFRの２代目代表として、自身の体験を高校生などに伝える活動に力を注いでいる。

受験科目

センター試験　国語、数学ⅠA・数学ⅡB、ドイツ語、
生物基礎、地学基礎、世界史B、日本史B

二次試験　国語、数学、ドイツ語（全問）、世界史・日本史

試験の得点

現役　センター試験　**782点**　二次試験　**247点**
浪人　センター試験　**773点**　二次試験　**343点**

「世の中の人間が真だと思っていることを実は違うんだと証明すること」

学問とは何かと聞かれたら、僕はこう答えます。

僕の受験は、まさにこの体現でもありました。小学校から進学塾に通い、名門私立の中高一貫校に通うことが東大合格への近道と多くの人が思うなか、僕は「通信制高校こそが東大に最も近い」と考えました。この道こそが最も効率的だと。超進学校のエリートたちに反旗をひるがえすような僕の言葉は、にわかに信じがたいと感じている人も多いでしょう。しかし、そんな人にこそ、僕の経験を読んでいただきたいです。

僕が東大合格のために通信制高校という道を選んだのは、弁護士であり大学で教鞭《きょうべん》をとる父親の教えが強く影響しています。父は、僕が物心つく前から言っていました。

「1万人に1人しか選ばないことをし続けて、変人になれ」

優秀な人間は主流を選択しがちだけど、そうではなく、人があまり選ばないことを選択し続けることでオンリーワンな存在になれという考えが、教育方針にありました。普通の選択を嫌う親でしたので、小さい頃から「勉強しろ」というような当たり前のことを言われたことは一度もありません。むしろ「勉強はしなくていい。大切なことは、子どもが自ら疑問を持ち、考えることだ」と父は言っていました。そんな家庭だったので、小学生の頃は、帰宅するとランドセルを置いて、すぐに公園に野球をしに行くような子どもでした。

僕の住んでいる地域の公立中学校は、その昔に荒れていたこともあり、数年前に改組された区立の中高一貫校が人気を集めていました。まわりの影響を受け、また、その学校が新しいカリキュラムの上で進学校になるのだろうという期待もあり、自分に投資するつもりで受験を決めました。入試3日前から過去問を解き始めるという状況でしたが、合格。

その直後、中学校から春休みにやるようにと渡された膨大な宿題。「何かがおかしいぞ」と感じました。その時点で勉強をする習慣のない小学生だったわけですから、やれるわけがない。また、その中学校は、毎日2時間以上はかかる宿題が出る上に、部活は強制、帰宅は19時以降になると聞かされ、根本的に自分に合わないことにそこで気づいたのです。まわりの雰囲気に流され、受験してしまったことを後悔し始めていました。


状況が一転したのは、卒業式の練習をしていた2011年3月11日。その日、東日本大震災がおきました。福島第一原子力発電所での事故による放射性物質の影響を心配し、東京から避難することになったんです。大阪、熊本と南下し、それでもまだ国内の様子が落ちつかないので、1週間後には、ドイツのミュンヘンに行くことになりました。父が研究のため行き来をしており、知り合いが多いということが理由でした。当初は1か月くらいの予定でしたが、とりあえず通い始めていた日本人学校での生活が楽しくなり、だんだんと滞在がのび、そのままミュンヘンで中学卒業までを過ごすことになりました。

日本人学校は、中等部の生徒は3学年で25名ほど。授業についていくのがやっとの人もいれば、優秀な人もいました。僕は勉強せずに定期テストに臨み、成績は11名のクラスの中で3、4番目くらい。中3で、定期テスト2週間前から勉強した際には1位をとったので、ちゃんとやれば大丈夫という思いがありました。

東大にいくための最も合理的な選択

東大にいこうと思ったのは中3のときでした。

その頃から、授業を受けることが苦痛になり、中学校に辟易《へきえき》し始めていたのです。中2まではのびのびとした雰囲気だったのですが、中3になると、担任の先生が厳しかったこともあり、授業中、姿勢が悪いとすぐに注意されるようになり、押さえ込まれているような感覚を覚えました。その上、授業がおもしろくなかった。知識をずっと一方的にインプットさせられ、それを主にテストで判断するというやり方に疑問がありました。クラス内にレベル差があるので、仕方ない部分はあったと思いますが、学ぶというのはもっと違うものではないかと感じたのです。

それは、小さい頃から父の学問に対する姿勢を見ていたからだと思います。父は、研究よりも講義をすることが好きなタイプの教授です。父が大学生に教える姿を見ているうちに気づいたんです。世の中の人間が真だと思っていることを違うと証明する、それが学問なんだと。そうなると、知識をインプットさせていく中学校のやり方は、少なくとも学問としては違うのではないかと感じるようになりました。このような学びを続けていっても、学問としては大成することはないだろうし、破天荒な人は育たない。

そこから、自分の学園をつくりたいという気持ちが芽生え始めたのです。具体的ではなかったにせよ、その子自身の実力に合わせたような形態でアウトプットを重視した学びができ、もっと自由な活動ができる学校。それは今でも僕の夢として生き続けています。

そのためには、お金と知識が必要です。となると、レベルの高い大学にいかなくてはいけない。そう考えるなかで、東大にいきたいという気持ちになっていきました。やるなら1番を目指したいという思いもありましたが、それ以上に、日本の最高学府である東大に合格したら、僕が理想と考える勉強法が正しいという一つの証明になると思ったのです。

そのために高校をどうするか。そう考えたとき、一瞬、普通の発想になってしまい、ネームバリューに魅かれ、都立のトップ高校を受けようと考えてしまいました。夏休みの間の1か月くらいでしたが、受験勉強もしました。ところが、その勉強をしているときに我に返ったんです。進学校にいって東大合格を成し遂げたとしても、それの何がおもしろいんだ？　せっかくミュンヘンで中学3年間を過ごしたのに、これでは普通の人間に逆戻りです。そこから東大受験について調べ、両親と話し合いを重ね、僕は確信しました。

東大に合格するためには、高校へいかないことが最大効率だろうと。

ドイツに残り、独学で東大を目指すことが最適な選択であった理由は、2つあります。一つは、僕は英語が苦手だったこと。それを3年で東大受験レベルまでもっていくのは厳しい。東大のドイツ語の入試レベルは、英語に例えるなら英検2級くらいのイメージ。これなら3年間で勝負できるレベルまで磨くことができるのではないか。また、中学を卒業する時点での僕のドイツ語は、日常会話レベルまでしか身についていませんでした。せっかくドイツで暮らしてきたのにこれではもったいない。これを機にドイツ語をしっかり学んでおきたいと思いました。

二つ目は、このままでは東大を目指す超進学校、灘や開成などに通っている人たちには勝てないと感じたからです。灘中学では、中1の間に、中学3年間で学ぶ数学の範囲を終えると聞きます。ここまでほぼ勉強をしてこなかった僕です。その市場で勝負をするなら、独学が最大効率だと考えたのです。定期テスト勉強を2週間やることで学年1位になったと前述しましたが、厳密に言うと、1日30分の勉強を2週間やっただけでした。30分集中して教科書を読むだけで、1時間の授業を聞くよりも多くの知識をインプットできた。独学の方が断然はやく学べると気づいたのです。

ドイツ語を学び、外国語でアドバンテージを得ること、そして独学で効率よく学んでいくこと。2つの点で優れているため、高校進学はしない。僕にとっては至極合理的な選択だと思っていました。

ところが、夏休み明け、高校へいかないことにしたと話す僕に、学校は大騒ぎになりました。校長先生まで出てきて、すごい勢いで「考え直せ」と指導されたのです。

僕は、東大にいくためには、高校進学をせず、ドイツで独学することがいかに有利であるかを一生懸命説明しました。しかし、先生がたは、同じことを繰り返すだけでした。「普通の選択ではない。君の実力なら都立のトップ高校にいける。だから高校受験をしなさい」の一点張り。僕を理解しようとせず、一般的な進路から逸脱しようとすることだけに反応し、「普通とは違う。前例がない」と、思考停止状態で止めにくる。

僕は東大に進むためにどうしたらよいかを調べ、親を交えて相談をし、決断をしました。すごく勇気のいるものでした。その思いを受け止めてくれるでもなく、東大受験に関して何も知らないはずなのに、それを分かっているかのように話す。知らないことを恥ずかしいと思わない大人が、生徒の人生に対し干渉してくる。

なかには、僕の選択を認めてくれる先生もいましたし、それはありがたかった。

ただ、この出来事により、僕の選択は正しい。そして、自分が理想とする学園をつくらなくてはいけないという思いがより確固たるものになりました。

中3の時点で僕がなぜ、独学で東大に合格できると自信満々だったのか。考えてみると、当時の僕は、東大と自分との隔たりが分かっていなかったからだと思います。塾に通ったこともない、模試を受けたこともない、東大生に会ったこともありませんでした。超進学校に通っているようなとてつもない学力を持つ同級生の姿を見たこともありません。東大合格というものがどういうものなのか知らなかった。

しかし、そのことが東大合格に対し、結果的によい方に作用しました。東大合格に必要なものは、何よりもまず自信です。僕は、常に合格できるという思いを抱き続け、諦めるなんて考えたことは一度もありません。だからこそ、最後の大勝利につながったのです。

中学の卒業式。生徒会長もやっていましたし、3年の後半はずっと成績は学年1位でした。本来は、答辞担当のはずですが、別の子がやることになり。学校と僕の間に溝があると感じながらの卒業でした。何はともあれ、義務教育は終了。ここからが本当の闘いです。受験する学部は、父の影響もあり、法学部である文科一類に決めました。目標は一つ。東大文科一類に最高点で合格する。

「進学校にいかなければ東大合格は無理だ」と言っている大人たちに、自分の方法論が圧倒的に優れていると訴えるためにも、インパクトのある合格をしなくてはいけない。この野望を胸に、新しい生活をスタートさせました。

どんな問題でも対応できる「ほわっとした何か」

独学で進めることは決めていたのですが、ドイツ滞在に必要なビザの関係上、通信制高校であるＮＨＫ学園高等学校・ネット学習海外コースに所属しました。週１度のレポート提出と年に一度、東京での４日間のスクーリングに参加するコースです。

高１ではまず、ドイツ語を学ぶために、語学学校に通うことにしました。８時から13時まで、週５日。いろんな国のいろんな年齢層の人たちがドイツで仕事を得るために学んでいるなか、最年少だった僕は可愛《かわい》がられました。ただ、ドイツ語の授業をひたすら受けるだけという時間は、独学生活の中でも一番苦しい時期でした。

それ以外の時間は、東大受験に関する情報を集める作業に入りました。独学で受験する際、進学校の生徒に負けるのはやはり情報量です。合格体験記を50冊ほど読み漁るのと並行して、東大の過去問に取り組みました。教科書で調べつつ、試験時間の5、6倍の時間をかけました。難しかったけれど、東大の入試問題に浸ることのできた時間は、とても楽しかった。

合格体験記を読み、東大の過去問に取り組むことで、東大に合格するための一定の法則のようなものが見えてきました。

東大にトップで合格するためには、「上位概念」なるものの形成が必要だということ、そして、問題に素直な心で向き合わなくてはいけないということです。

日本史を例にしますと、東大入試では、人名や歴史的用語は問われず、資料が与えられ、歴史的経緯や意義を聞く問題が出題されます。日本史を学んでいなくてもなんとなく分かるような問題でもあり、だからこそ、最終的に点数を上げていくために難しい科目でもあります。この問題には、単なる知識のインプットでは太刀打ちできません。世の中の学生は、成績を伸ばすためにと知識と問題のパターンを覚える作業に終始してしまうことが多いでしょう。しかし東大入試は、今までになかったような速球を投げてくることがあります。解ける問題のパターンを増やすだけでは、その球を打ち返すことができません。

大切なことは、どんな問題がきても対応できる力をつけること。そのためには、知識を包括したような「ほわっとした何か」が必要なのだと感じました。僕はその「ほわっとした何か」を「上位概念」と呼ぶことにしました。

動物や植物という言葉を覚えるのではなく、それらを包括した上位概念である生物を理解するように、すべての単元には、より抽象的な上位概念なるものがあるのだと、過去問を解くことで気づいたのです。数学でいえば、公式を一つ一つ覚えるのではなく、試験を解いているその場で公式を再構成できる状態にもっていかなくてはいけない。

そしてもう一つ、今までになかった球速を打ち返すためには、入試問題にはまっさらで素直な心で向き合わなくてはいけません。何を問うているのかを見極め、自分のなかにある大きな上位概念の中から記憶をどんどん掘り起こしていき、ここにこんな知識があったぞと気づきながら、解答に広がりをもたせて構成していく。

僕のいう上位概念とは、学問の真理にあたるものだと思っています。それを問う東大入試はまさに学問の入り口。ここを目指すための勉強が始まるのかと思うと、すごく楽しみになると同時に、東大への愛がどんどんと深まっていきました。

高1、高2の頃は、ドイツ語の語学学校を中心に置き、上位概念の形成を意識しながら勉強を進めました。知識の丸暗記では太刀打ちできないと感じていたので、概念的理解をするため、教科書を読む込む勉強を中心に行っていました。

センター試験でしか使わない地学基礎、生物基礎は4、5周、二次試験で必要な日本史、世界史は20周ほど繰り返して読みました。

独学において一番苦労したのが数学でした。概念の理解に手こずったのです。概念の理解が曖昧なうちに問題演習を繰り返したため、正解にたどりつけず、高1の秋の模試では、偏差値40台。このままでは、独学は失敗するのではないかと不安に襲われました。

そんなときに、東大生が一番使っているといわれている参考書、『スバラシク面白いと評判の初めから始める数学』シリーズ（マセマ）と出合いました。この本は、各分野の本質に触れながら解説してくれるため、大変理解しやすかった。ここから爆発的に力を伸ばすことができ、僕にとっては恩人のような参考書となりました。

高3からは、語学学校に通う時間を減らし、過去問対策に入りました。近くにある図書館で1日10~11時間ほど、休憩なし、ぶっ続けで問題を解きまくっていました。ドイツの学生はそんなに勉強しないので、僕がすごく珍しかったのだと思います。図書館の職員に顔を覚えられ、いつの間にか世間話をする仲になっていました。

東大過去問に関しては、ドイツ語は7年分、国語、世界史、日本史は、20~30年分を解き切りました。

ダメだったら何度でも挑戦する

受験勉強時代のことを話すとよく「独学でダレることはなかったですか？」と聞かれますが、そんなことは一切ありませんでした。

ドイツで勉強漬けだったように思われるかもしれませんが、実際はそうではなく、高1、高2のときは地元の野球チームに入って週4で練習に参加していましたし、東大模試のために日本に帰国した際は、アイドルの追っかけもしていました。

時間はたっぷりあるので、やりたいことがやれる。普通の高校生以上にあれこれ楽しくやっていたと思います。

ＮＨＫ学園のスクーリングでは、高校生らしい雰囲気を味わうこともできました。体育の授業では、生徒はプロスポーツ選手、芸術家、不登校になった人など年齢も社会階層もバラバラ。僕のように積極的に通信制を選ぶ

⬆中2からドイツの草野球チームに所属。試合ではピッチャーを務めることも。

⬆元「Berryz工房《ベリーズこうぼう》」のももち（嗣永《つぐなが》桃子）の大ファン。帰国時は自作のＴシャツで追っかけもした。

人は少なく、社会に苦しみながら、それでも社会とつながりを持っていこうとする人が多く、人間として深みのある、おもしろい人が多かった。東大生があまり見ることのない景色かもしれないですね。

自分の意思で、学問のおもしろさを感じながら学んでいましたし、勉強以外でもやりたいことを存分に楽しんでいました。まさにストレスフリー。

また、毎日同じ日の繰り返しで、特別な出来事がとりたてて起こらないので、心が落ち込むことも興奮状態になることもない。ただ、楽しいなと感じる毎日が続くだけ。そういう意味では、独学は精神面においても効率的だと感じました。

そういう凪《なぎ》のような日々のなかでも、僕は大志に燃えていました。僕にとっての受験勉強は、僕自身が合格できるかどうかの問題ではなく、日本の教育に対し、自分のやり方が正しいと証明するための闘いだと思っていたからです。

入試本番に向けて、高3の12月には帰国をし、日本で態勢を整えてから試験に挑みました。センター試験は、782点。9割弱の成績でした。文科一類を受けるには、足切りの心配はないけれど、9割以上をとってくる受験生が多いなか、高い点数ではありません。でも、これは想定内。勝負は、東大らしさが際立つ二次試験だと思っていました。

そしていよいよ憧れ続けてきた東大二次試験の日。やるべきことはやった。なんの不安もなく入試に臨みました。

合格発表の日は、もちろん本郷へ見に行きました。2日間の試験が終わった瞬間、僕は合格を確信しました。Web上で合格を確認してから本郷へ行くという人が多いのですが、僕は最前列で掲示板の発表を今か今かと待っていました。掲示板が順番に立てかけられ、受験番号を見つけた人たちの歓喜の声がどんどん湧き上がるなか、自分の受験番号を探しましたが、見つかりませんでした。

（まさか落ちた？）

何かの間違いではないのか。現実が受け止められず、驚きだけが駆け巡り、僕は呆然《ぼうぜん》と立ち尽くすだけでした。

僕にとって東大は、目指そうと思った中3のときから、シンボルでした。

東大合格をゴールとして、自分なりの学習メソッドを完成させるため戦略的に目指したのです。合格できなければ僕も世の中も救われないという思いでやってきたのです。東大以外の大学は考えられない。ダメだったら何度でも挑戦するつもりでいました。

不合格の翌日にはもう、浪人という1年をどういう時間にすべきかを考えていました。

その際、父からの教えが僕の指針となりました。不合格を知った父が、A4用紙1枚にこれから1年間をどう過ごすべきかを12個の心得として渡してくれたのです。生まれて初めての、父からの教えでした。

僕は、その年の合格最低点354点に12点足りずに落ちたのですが、父のレジュメには、12点を埋めるような勉強をしてはいけない。あと1年で、試験当日に30点ミスしても受かるという人物にならなくてはいけない。また「ボーダーを超えられず残念」というちっぽけな考えではなく、「あと1年楽しめて嬉しい」と思うことが重要であり、最後には、「こいつは敵にまわしたら怖いと思わせる行動をとるように」など書いてありました。

父から戦略面、そして精神面での教えを受けることで、僕がこれからやろうとしていることが明確になりました。

僕の目標は、変わらず東大文科一類にトップで合格すること。

僕が受験した年の合格者最高点は、454点。僕の成績は342点。僕は1年で454点に至るための勉強をしなくてはいけない。10点差を埋めるためではなく、100点アップという革命的な変化を起こすための1年を過ごすのです。

ここから蘇《よみがえ》ればいい。おもしろい1年になるはず。

合格発表から3日後、ドイツに戻り、浪人生活がスタートしました。

多角的な視点を養い、上位概念を形成し直す

なぜ合格できなかったのか。僕は傲慢《ごうまん》だったのだと思います。

東大模試の点数が悪くても、模試の方に問題があると思っていました。事実、模試と本番の試験とでは内容に大きな差異がありますが、間違えた部分から何かを学ぼうという気がなかった。誰かからの教えを受容しようという気持ちもなく、また、独りよがりになりすぎる僕を諫《いさ》めてくれる人もいませんでした。いろんな教えを学ぼうという謙虚さと多角的視点がなかったため、上位概念の形成が相当に甘くなりました。

本来であれば、基本をしっかり理解し、覚え、それらの基本的なものから概念的に共通しているものを探らなければいけなかったのに、基本の理解、暗記を怠り、結局ほわっとした上位概念を早めに固めてしまった。上位概念を大きく捉《とら》えすぎ、近道をしてしまったのです。また、知識や出来事をいろんな角度から見るという作業が足りませんでした。僕は参考書をベースに学んできましたが、1冊の参考書で学んだパターンだけを信じてしまった。それがすべてであり、それが上位概念だと思い込んでしまったのです。

そのため、自己解釈が強くなり、それが試験の解答に出てしまいました。教科書をしっかり読み込んだ後に、さらに専門書を何冊も見て、そのなかから初めて上位概念なるものを見出《みいだ》さないといけなかったのです。僕は階段を登り切ったと思っていたけれど、実は登

りきれていなかった。

僕は多角的な視点を養い、基礎固めをすることで上位概念を形成し直すことにしました。

東大に落ちた翌日から6月頃まで、飛躍的な成長をするために受験勉強から完全に離れ、1日1冊のペースで名著を読んでいきました。最初の一冊が、大正、昭和の宗教文学者である倉田百三《ひゃくぞう》の若き日の評論集『愛と認識との出発』でした。1921年に出版されたこの本では、倉田百三が、恋愛・友情・信仰・善などについて、自己の内省体験や悩みを赤裸々に綴っています。当時の旧制高校のエリートたちの青春の必読書でもありました。この本の内容自体には、矛盾する内容があったりしますが、それが彼の葛藤《かっとう》の歩みだったのだなと感じました。僕は、単純な人間です。彼の思いや悩みに触れることで、生きることの深みのようなものを感受しました。

ここからは、西田幾多郎《きたろう》『善の研究』など東洋系の哲学書を中心に、キェルケゴール『死に至る病』などの哲学書、小説だとドストエフスキー『カラマーゾフの兄弟』、トルストイ『アンナ・カレーニナ』など、古典を好んで読みました。

これらの読書体験、特に哲学書を通して、僕はようやく人生の見方を学び始めたのです。単純だと思っていた世界がそうではなかった。これまで僕がスルーしていたポイントで悩む人がいるんだということを知り、その懊悩がいかに深かったのかを学んだのです。

これまで、自分になかった視点を取り込むことで、人から何かを教わろうという謙虚な気持ちも生まれ、それにより、独りよがりな解釈が顕著だった現代文の点数が大きく改善されました。


受験勉強を再開した7月からは、1日10～11時間勉強しました。現役時代におろそかにしていた基礎固めのため、古文単語の暗記や世界史の一問一答、また数学では、同じ問題で反復練習も行いました。こういった勉強には、抵抗がありました。これをやっても東大には合格できないと避けてきた勉強です。しかし、上位概念の形成のため、やらざるを得ませんでした。

並行して、理解を進化させる勉強にも取り組みました。数学では、月刊誌『大学への数学』(東京出版)で行われている「学力コンテスト」に腕試しとして毎月参加。最高2位になりました。学力コンテストの演習問題は、東大入試よりも難しいのですが、

⬆毎日のように通っていたドイツ・ミュンヘンにある図書館。

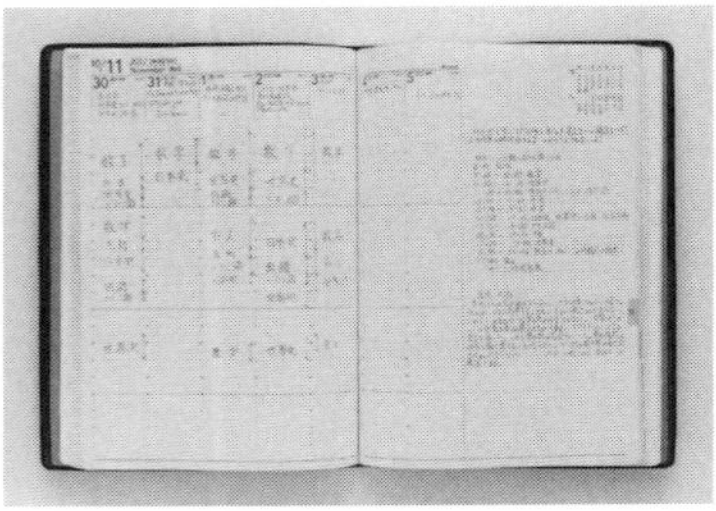

⬆浪人中のスケジュール帳。勉強の計画や思いを詳細に記していた。

難問を考え続けることで、数学の深い理解につながったと感じています。また、日本史は、100ページ程度で研究者が詳しく解説を書いている『日本史リブレット』シリーズ（山川出版社）を読み、思考や知識のエッセンス、二次試験の論述に使えるよい文章をノートに書きためました。このノートは日本史の二次試験対策のための大切なネタ帳になりました。

直前期は、過去問を解き直し、数学は30年分が3周目に入り、日本史は過去問を2周、のべ300問を解きました。さすがに飽きたなという感じがありました。

浪人生活を経て、僕は、4年前に初めて過去問を解いたときに必要だと感じた上位概念を手に入れたと感じました。どんな問題がきても大丈夫。豪速球でも変化球でも飛んできた球を打ち返す型のようなものが僕のなかに生まれていました。

東大入試当日。入試問題を開くと、僕は知識の武装を外し、無の境地で対峙しました。問題を読んでもすぐに知識で反応するのではなく、じっくりと問題の本質を見定める。抽象的な上位概念という広い世界から、少しずつ具体へと降りながら、解答に使える知識を探り、そして組み合わせていく。格闘家が、相手から顔面へのパンチを繰り出されてすぐにかわすのではなく、フェイントかもしれないとギリギリまで相手の攻撃を見定めてからかわし、自分の技を繰り出す。そんなイメージが近いように感じました。

そして、2日間の試験が終わった瞬間、合格を確信しました。言葉にすると現役のときと同じなのですが、全然違います。ここは間違えたけど、ここで点数がとれているから大丈夫など、分析がしっかりできていました。

3月10日正午。合格発表の時間は、ドイツでは明け方の4時。僕は自室のベッドのなかにいました。前日から38度の熱を出し、寝込んでいたのです。朦朧《もうろう》としながらWebを開き、受験番号を見つけました。「だろうな」。合格した自覚があったので、大きな喜びもなく、ただただ体がつらく眠かったので、親戚と友人に合格の報告をすると、再びベッドに潜り込みました。僕にとっては、合格発表よりも、1か月後に送られてくる得点開示、試験の点数の方が緊張しました。結果は、96点アップの437点、トップ合格の人と二次試験は4点差での合格を果たしました。

独学した4年間は大きなアドバンテージ

普通の高校にいかないという選択をしたことで、失ったものはないと感じています。優秀な人との切磋琢磨も、恋愛など青春らしいことも、大学で取り戻せます。

唯一のマイナス面といえば、現役時代の僕が陥った、独善的になりやすいということ。

ただ、この点に関しては、僕にとっては必要なプロセスでした。独りよがりの勉強により東大に落ちたことで、孤独な時間のなか、多くの書籍を通して様々な思想に触れる経験をし、いろんな人、事柄を受容できるようになりました。何かの間違いで現役合格していたら悲劇でした。とんでもない、自尊心モンスターが生まれていたことでしょう(笑)。

東大合格のため学び続けた4年間、僕は自己対話を繰り返しながら、自分自身を掘り下げ、結果、それが人間的成長につながったと感じています。この経験は、僕にとっては、普通の高校にいくよりも青春でした。

そして、独学で東大に合格したというこの特殊な経験は、入学してからこそより生きているように感じています。

哲学書を読んでいたときのことでした。人は、心の機微や成長を、誰もがアクセス可能な言語として一般化し、抽象化することで自己開示をし、連綿と続く歴史のなかに足跡を残している。学問とはこういうものなのだと理解したときに、学ぶことがこれまで以上におもしろく感じたのです。この気づきがあったからこそ、入学後も積極的にゼミに参加し、学問の深化に身を捧《ささ》げることができています。

そして、もう一つ、自分の存在意義をきちんと感じられているということです。

超進学校から合格してきたエリートであっても、入学してしまえば、「普通の東大生」でしかありません。僕のように、他者と違う経験を持っているということは、インパクトが大きいため、テレビ出演や普通の東大生の何倍も高額な時給の家庭教師の依頼がくることもあります。

さらに、エリートコースを歩んできた彼らとは違う精神性、違う土俵で戦っているという思いもあるので、真っ向勝負する必要も、同一の尺度で比べられることもありません。超エリートを見てコンプレックスを抱いたりすることも皆無です。進学校から来た東大生よりも、人生を自ら切り拓《ひら》いてきた自負があり、自己開示がきちんとできる。自分の意見を主張しない東大生が多いなか、そのことが大きなアドバンテージになっています。

体制から外れることを考えたこともなく、型にはまっている方が楽だと信じ、また官僚を目指すと言っても興味深い理由を語ることができない。こんなことを言うと反感をかうけれど、そんな東大生を見ていて、自分が理想とする学園をつくらなくてはいけないと前よりも強く思うようになりました。いつか、エリート街道から外れたとしてもスキルや知識を身につけられる場所となる学園をつくり、そういう人たちが活躍できるような社会にしていけたらと願っています。

学校に行くことが苦しい人、高校では身につけられないスキルや知識、概念を得たい人には、独学をお勧めしたいです。高校に義務教育感覚で進学し、自分の歩んでいる道が思考停止の上で選んだものであるならば、今の状況を変えることはできます。独学を選ぶことは不安かもしれません。しかし、安心してください。

僕の歩んできた道こそが、最大効率で東大に合格できる証《あかし》なのです。

私の東大合格勉強法

神田直樹

参考書で伸ばした数学

伸び悩んでいた数学を爆発的に伸ばしたのは、各分野の本質に触れながら解説してくれる『スバラシク面白いと評判の初めから始める数学』シリーズ(マセマ)。高２からは、『大学への数学　１対１対応の演習』シリーズ（東京出版)、『文系数学の良問プラチカ 数学Ⅰ・A・Ⅱ・B』『理系数学の良問プラチカ 数学Ⅰ・A・Ⅱ・B』(共に河合出版）で基礎固め。高２の１月から、同じミスを繰り返さないよう、間違えた問題をルーズリーフにまとめていった。このルーズリーフを何度も見直すことで、数学の失敗パターンを減らすことができた。高３の秋で使用した『ハッとめざめる確率』（東京出版）で確率が得意に。12月からは、『鉄緑会東大数学問題集　資料・問題篇/解答篇』（KADOKAWA）を用いて30年分の過去問を解いた。浪人期は、月刊誌『大学への数学』(東京出版)の学力コンテストに投稿、難問に取り組む。夏からはこれまで使用した問題集で反復練習、９月からは過去問２周目に入り、12月はセンター対策、１月からは過去問３周目。二次試験は、現役時より31点アップした。

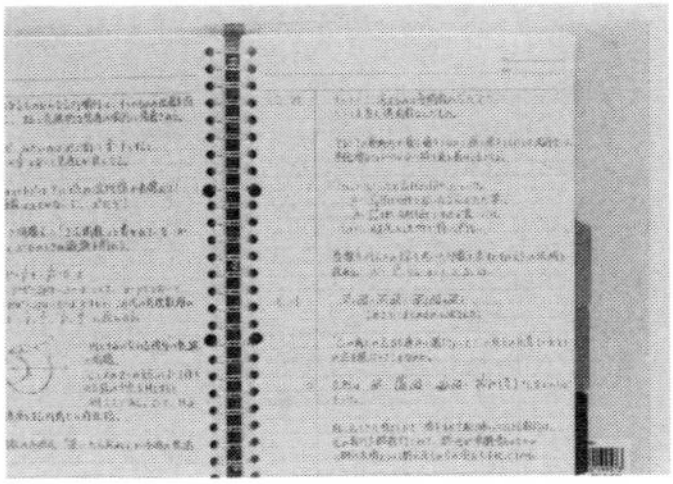

⬆間違えた問題をまとめたルーズリーフ。

高１から情報集め

進学校の生徒に負けるのは情報量だと感じ、高１から東大受験に関する本を50冊ほど読んだ。参考書選びに関しては主に、東大合格体験記である『東大生が教える今まで誰も教えてくれなかった本当の東大入試完全攻略法』(エール出版社)を参考に。この本は、参考書選びだけでなく、東大上位合格者たちの勉強法や、模試やセンター試験に対する心構えなど綿密に叙述されているところがとてもよかった。

ドイツ語は二次で８割

語学学校は、高１、高２は、週５日×５時間、高３からは週２日×３時間で通った。高３からは『ドイツ語、もっと先へ！』（第三書房）と『独文解釈の秘訣Ⅰ・Ⅱ－大学入試問題の徹底的研究』（郁文堂）で読解力を磨いた。後者は、解説が詳しく独学にはもってこいだった。高３の後半から、過去問７年分に取り組み、和文独訳のみ月一で外注して添削をお願いした。現役時の二次試験で120点中102点とれたので、浪人期は、やり方を大きく変えず、週２回語学学校に通い、直前期は過去問７年分とドイツ語対訳本で和文独訳の訓練を繰り返した。

世界史は知識を一元化

高2の3月から日本史同様、教科書（東京書籍と山川出版社）からスタートしたが、20回読んでも頭に入ってこない。時代ごとに書いてあるからだと感じ、高3の10月から、世界史の流れを国別に整理し直すため『New流れ図で攻略詳説世界史Ｂ』(山川出版社)を使った。これは、世界史を82個の構造図で理解するコンセプトの書き込み式参考書。左ページは歴史の流れをつかむための構造図、右ページは知識の定着を図る穴埋めの問題演習となっている。この参考書をそのまま使うのではなく、学んだ知識をここに一元化し、見直しができるノートへと生まれ変わらせた。左ページの流れ図には、教科書や過去問などから新たな知識や普遍的なエッセンスを書き込み、より詳細な流れ図をつくりながら理解を深めた。また、右ページの問題演習は使わず、メモスペースとし、資料集のコピーや重要事項を書いたふせんを貼っていた。このノートのおかげで、82個の構造図を頭に入れて世界史を網羅することができた。これは浪人期も活用。何十回も読み直した。

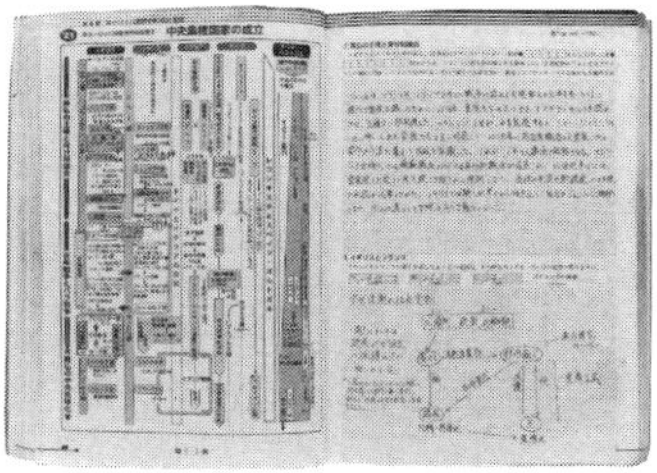

⬆参考書に学んだことを書き込んだ。

日本史論述対策ノート

高1・2は過去問分析、高2の終わりから、教科書（山川出版社）を読み始めた。20周読んだあと、高3の9月から『日本史講義 時代の特徴と展開』(駿台文庫) を読む。高3の11月から過去問に着手。25年分、計100問を解いていった。東大の日本史は、基本的に教科書と過去問を解くことで対策がとれるが、さらに高得点を目指すために、浪人期の夏から『日本史リブレット』シリーズ(山川出版社)を読み始める。これは、日本史の様々なトピックに関して、研究者が100ページ程度で解説をしており、読みものとしてもおもしろい。シリーズは80冊ほどあるため、東大入試の頻出テーマ、古代の東アジア関係や律令制などを選んだ。読む際には、テーマごとに論述に使えそうな単語やセンテンスをルーズリーフに書き、ファイリング。日本史の二次試験対策の大切なネタ帳となった。10月からは、過去問演習25年分を2周し、計300問解いた。結果、二次試験の日本史では、現役時よりも22点アップ、9割近い点数がとれた。

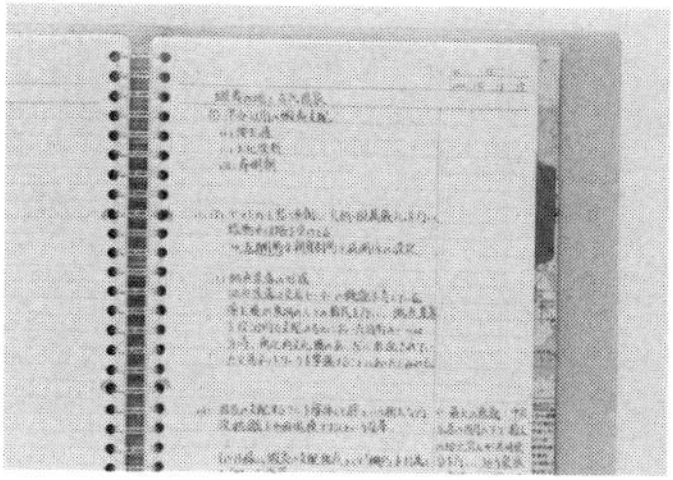

⬆重要なセンテンスはファイリングした。

鳥山昌純『文系数学の良問プラチカ 数学Ⅰ・A・Ⅱ・B』河合出版
大石隆司『理系数学の良問プラチカ 数学Ⅰ・A・Ⅱ・B』河合出版
安田亨『ハッとめざめる確率』東京出版
安田亨『東大数学で1点でも多く取る方法 文系編』東京出版
月刊誌『大学への数学』東京出版
『鉄緑会東大数学問題集 資料・問題篇/解答篇』KADOKAWA

【ドイツ語】
渡辺克義ほか『ドイツ語、もっと先へ！』第三書房
横山靖『独文解釈の秘訣Ⅰ・Ⅱ－大学入試問題の徹底的研究』郁文堂

【日本史】
『詳説日本史B』山川出版社
安藤達朗『日本史講義 時代の特徴と展開』駿台文庫
野島博之ほか『東大日本史問題演習』ナガセ
『日本史リブレット』シリーズ 山川出版社
11 熊谷公男『蝦夷の地と古代国家』
12 佐々木恵介『受領と地方社会』
14 石井正敏『東アジア世界と古代の日本』
33 五味文彦『中世社会と現代』
48 藤田覚『近世の三大改革』
73 大津透『律令制とはなにか』

【世界史】
『世界史B』東京書籍
『詳説世界史B』山川出版社
谷澤伸ほか『New流れ図で攻略 詳説世界史B』山川出版社
山下厚『東大合格への世界史 東大文Ⅰ生が教える日本語力で解く論述テクニック』データハウス
今泉博『山川一問一答 世界史』山川出版社

【地学基礎・生物基礎】
教科書
センター試験過去問・センター形式の模試

多様な思考を吸収

東大入試の現代文に対して最も有効な対策は、様々な思考を知っておくこと。10月頃から、現代世界における諸問題に関する論考を集めた論述集『高校生のための現代思想エッセンス ちくま評論選』（筑摩書房）を読み始め、思想のエッセンスを吸収。この本をきっかけに構造主義などの入門書にも手を出した。浪人時代に、もがきながらも多様な思考に触れることで、現役時より23点アップ。東大入学後も様々な場面で役立っていると感じている。

使用した問題集・参考書

【国語】
富井健二『富井の古典文法をはじめからていねいに』ナガセ
菊地隆雄ほか『基礎から解釈へ 漢文必携』桐原書店
漆原慎太郎『漆原慎太郎の古文・記述問題が面白いほどとけるスペシャルレクチャー』中経出版
『高校生のための現代思想エッセンス ちくま評論選』筑摩書房
武田博幸ほか『読んで見て覚える重要古文単語315』桐原書店
『鉄緑会東大古典問題集 資料・問題篇/解答篇』KADOKAWA

【数学】
馬場敬之『スバラシク面白いと評判の初めから始める数学』シリーズ マセマ
『大学への数学 1対1対応の演習』シリーズ 東京出版
『チャート式基礎からの数学Ⅰ＋A』数研出版
『チャート式基礎からの数学Ⅱ＋B』数研出版

都会の進学校を中退
地方の高校で学ぶ目的を見つけた

教養学部
理科一類1年
鈴木元太

鈴木元太（すずきげんた）

2000年、北海道生まれ。父、母、弟の４人家族。会社員の父の転勤に伴い、小２で釧路市から旭川市に引っ越す。公立小学校を経て、北海道教育大学附属旭川中学校に入学後、１か月で神奈川県横浜市に引っ越し、横浜国立大学教育人間科学部附属横浜中学校に転入学。神奈川県立高校に入学するが、１年で中退。しまね留学で島根県立津和野高等学校（偏差値45）に再入学。地域活動を行うグローカルラボの部長として活躍。2019年、工学部に推薦で合格。

受験科目

推薦入試　書類審査、小論文、面接試験

センター試験　国語、数学ⅠＡ・数学ⅡＢ、英語、物理、化学、地理Ｂ

試験の得点

センター試験　**８０６点**

父の仕事の関係で、生まれ育った北海道を離れ、神奈川県に引っ越したのは、中1の5月。転入した横浜国立大学教育人間科学部附属横浜中学校は、小学校から塾に通っているような優秀な子たちが多く、早稲田大学や慶應大学の附属高校や県立トップの高校を目指す人ばかり。はじめは勉強についていくのにとても苦労しました。

僕はそこまでよい高校を狙える学力もなく、両親も受験に熱心なタイプではなかったので、理数科目に重点を置き、最先端の科学技術の実験や研究ができるという、神奈川県では上位の県立高校を選びました。期待して入学してみると、科学を学び研究活動をするというより、大学受験に向けて頑張ろうという雰囲気。大学にはいきたいと思っていましたが、大学受験のための高校生活にはしたくない。僕は戸惑いました。また、高校受験で燃え尽きた部分があったのか、勉強する意欲も失っていました。

1学期はなんとか通ったのですが、だんだんと高校へ足が向かなくなりました。中学の友人たちも高校の同級生たちもみんな勉強しているという焦りはありましたが、どうしても高校へ行こうと思えない。そんなとき、たまたま震災ボランティアの募集を見つけ、何かに駆り立てられるような思いになり、僕はお小遣いでチケットを買い、夜行バスに乗り込みました。

初めて来た陸前高田市。風景に愕然《がくぜん》としました。東日本大震災から4年半が経ち、もう復興も進んでいると思っていましたが、目の前に広がるのは、なんにもない更地。今なお震災の記憶を抱きながら暮らし続けている人たちがいて、その暮らしを支えようとボランティア活動に勤《いそ》しんでいる人たちがいる。

僕は一体これまで何をしてきたのだろう。震災当時は北海道に住んでいたため、被害を受けず、その後もこれまでと同じように生活をしてきました。あまり関心も持たずに過ごしてきた自分に罪悪感を覚えたのでした。

それから僕は、何度も現地に通いました。地元のお祭りを手伝ったり、仮設住宅に新聞を配りに行き、話し相手になったり。ボランティアは、ガレキを撤去するなど直接的な働きかけだけではなく、地域の人と信頼関係を築き、暮らしを支えるやり方もあるのだと気づかされました。そのなかで、同世代の人たちとも出会いました。自分の生まれ育った町のために、役割を持ち活動する彼らが、とても新鮮に感じました。将来についても実感をもって考えることのできなかった当時の僕は、勉強よりもまず、地域活動を通して社会とつながりを持つことの方が大切なのではないかと感じるようになりました。

年が明け、高1の1月には、高校の出席日数が足りず留年が確定。その高校でもう一度1年生としてやり直すことはできないと思いました。中退して独学で高卒認定試験を受けるか、別の高校に入り直すのか。地域活動に関心を持ち始めていたので、寮のある地方の県立高校を調べるなか、「しまね留学」という制度にいきあたりました。島根県の一部の県立高校では、全国から生徒を募集しており、豊かな自然のなかで寮生活を送りながら3年間を過ごすことができるというものでした。僕はその一つである島根県立津和野高校の見学に行きました。

山口県との県境にある島根県鹿足郡《かのあしぐん》津和野町。人口は約7300人、中山間地域です。城下町の佇《たたず》まいを残す山陰の小京都と呼ばれる津和野、歴史を感じさせる風景にひと目で魅了され、ここで暮らしたいと強く感じました。

また、この町唯一の高校である津和野高校も、2つの点で自分に合っているなと思いました。一つは、地域との交流を積極的に行っていること。もう一つは、教師だけでなく、様々な大人が生徒の活動をサポートしているということです。地域と学校をつなぐ仕事をするため委託で職員室に常駐している「高校魅力化コーディネーター」の方がたや学校に併設されている町営英語塾「HAN-KOH《ハンコウ》」のスタッフの方がた。彼らは、Iターンで津和野に来ている人が多く、様々な経験を積んだ個性豊かな方ばかり。そんな大人の人たちのそばで、学校の勉強だけでない高校生活を送れるのは、とても魅力的だと感じました。

津和野高校は、偏差値で輪切りになっている都会の高校とは異なり、就職希望から進学希望まで様々な生徒が在籍し、しまね留学の取り組みを推進するなど、従来の偏差値教育ではない教育のあり方を探求しています。そこに魅力を感じていましたが、全面的に前向きだったわけではありません。4年制大学への進学率は4割ほど。大学受験はもう難しいだろうと感じたのです。また、一度高校を辞めている自分は、ちゃんと通えるか自信もない。この先どうなるかなんて、全然分からない。それでももう行くしかない。そんな気持ちで津和野高校に入学しました。

竹の活動を通し、学問と社会の接点を知る

津和野高校は、1学年60人ほどで、そのうち3割がしまね留学で県外から来ています。地方の暮らしに興味があったという人もいれば、都会の生活になじめなかったという人もいます。寮生活なのですぐに友だちはできましたが、僕のように高校を入り直してきた人はおらず、みんなよりも1歳年上だということをしばらく気にしていました。

授業は、以前の高校とはレベルの差を感じました。これで大丈夫なのかなと思い、定期テスト前だけ試験範囲を一通り理解できるように勉強。得意な数学だけは問題集を使い、応用問題にも取り組んでいました。無理だと思いながらも、大学を受験するとなったときのために備えておこうという気持ちがあったからです。成績は、ほとんど学年トップ。負

担を感じない授業と定期テスト前だけ勉強するというペースが、勉強のモチベーションが低い僕には、ちょうどよかった。勉強よりも大切なものがあると考え、津和野に来たのです。地域に出ていくなかで何か摑みたいと思っていました。

僕が入学した年に、地域活動を行う部活「グローカルラボ」が発足。部員は10名ほど。先輩がいないため、僕が初代部長となりました。部員それぞれのモチベーションは違うし、部員一丸となって目指す大会があるわけではない。地域に出て活動するといっても何をやればいいのか分からない。僕自身も何ができるか悩んでばかりのスタートでした。

そんななか、津和野を見渡してみると、目に入ったのは、町にたくさんある竹林でした。最初は、タケノコがとれる、1日1メートルも伸びるなど植物として興味を持ったのですが、津和野の人と話していくうちに、竹細工をしたり、土壁の基礎に使ったりと、もともと竹は津和野の文化において大切なものだったのだと気づきました。

ところが、その竹を利用する機会が減り、放置されることで、生態系に悪影響が出たり、景観が損なわれたり。冬になると雪の重みで線路に倒れ汽車が止まるなど、竹害も起こっていました。少子高齢化で整備する人が減り、また、竹林や竹の文化を引き継いでくれる次の世代がいないことも原因の一つではあるのですが、僕は、竹林に対する「諦めの雰囲気」が問題ではないかと感じました。それは、20年後には人口が半減するといわれている津和野全体に対する諦めにも通じていると思ったのです。

竹林を通した営みはこれからどのように変わっていくのだろう。もし、竹林管理に高校生が関わったら、どのように変わるのだろう。

そこで、高2になると、2アールの竹林を借り、「竹で築こう」と名づけた、竹を通した地域活動をスタートさせました。竹林を管理し、春はタケノコを収穫しタケノコごはんを炊いたり、竹の水鉄砲をつくったり。地元のお祭りでは竹のテントを、文化祭では竹の入場門をつくりました。夏休みには、30人を超える小学生や町の人たちと竹飯盒《はんごう》でご飯を炊き、竹の器でカレーライスを食べるイベントを開催しました。これらの活動を通して、たくさんの方たちと知り合うことができ、津和野の中にあるコミュニティのつながりを肌で感じることができました。

「竹で築こう」は、僕のやりたいことからスタートしましたが、活動の場を広げることで、高校生にとっては、主体的にやりたいことができる場となりました。何かをやりたいけれど、何をやればいいのか分からないという人が多かった。そういう人たちにとって、第一歩を踏み出す場となり、料理が得意な子はタケノコ料理をつくったり、英語が得意な子は活動をＳＮＳで発信したり、それぞれがやりたいことを見つけていきました。

また、地域の大人と高校生がつながることで、少しずつですが、津和野の町に前向きな雰囲気が生まれてきたことを感じました。

そして、僕自身も変わっていきました。

竹林の管理方法を調べているとき、竹林管理は、生態学という学問として扱われていることを知りました。学問を学ぶことが竹林を守ることにつながる。これまで僕はずっと、自分はなんのために勉強をするのか、何を学びたいのかが分かりませんでした。それは、社会と接点を持っておらず、将来を具体的にイメージすることができなかったから。

僕は、この竹の活動を通して、ようやく学ぶことが社会にどう接続しているかを実感できたのです。この「竹で築こう」の活動は、身近な課題に対し問題解決を実践するプロジェクトを表彰する「マイプロジェクトアワード２０１７」全国大会でベスト・ラーニング・アワードを受賞。僕個人としては、世界最大の社会起業家ネットワークといわれるアショカのユースベンチャラー（青少年実業家）に選ばれました。

高校生の探究学習県大会

鈴木さん（津和野2年）全国出場

地域の竹林対策 自ら動く

松江

地域や身の回りの課題に対する高校生の探究学習を評価する「マイプロジェクトアワード」の県大会が4日、松江市学園南1丁目のくにびきメッセであった。県内5校の6組9人が発表した結果、竹に関する研究に取り組んだ津和野高2年の鈴木元太さん(18)が、23日から3日間、東京で開かれる全国大会に出場する県代表に決まった。

同アワードは民間団体の主催で2013年から開かれ、県大会は松江市内の一般財団法人地域・教育魅力化プラットフォームが島根で初めて開催。島根や東京など5地域の大会と、地域を問わないオンライン大会を経た32組が全国大会に参加する。

前日の予選を通過した出場者はスライドを映しながら研究成果を披露した。

鈴木さんは「竹で築こう」として発表。北海道から「しま留学」で津和野高に入り、道内植生がない竹に興味を持った。細工などの文化として地域に一方、竹林が広がり環境に影響を与えていることから「地域でを諦めない機会をつくりたい」と小学生との竹飯ごう作りや竹林整備を自ら企画。「活動を通しとのつながりが生まれた」と振り返り、こうした活動が地域でていくことを願った。

ほかに、生徒会を変えたい思いや、地域の居場所づくりをテーマにした発表があった。

審査員の一人、清原正義県立大学長(70)は「高校生の元気との強さに将来の明るさを感じ」と評価した。

発表を前に並ぶ6組9人の高校生。中央が県代表に決まった鈴木元太さん

⬆「竹で築こう」の探究学習で全国大会が決まったことを伝える新聞記事（「山陰中央新報」2018年3月5日）。

僕の高校生活を語る上で、もう一つ柱となる活動がありました。

北海道大学が高校生向けに行う研究プログラム「北大Super Scientist Program」（以下ＳＳＰ）での研究活動です。年に数回のスクーリングと週1のＷｅｂミーティングを行い、高校生主導で研究を進めます。神奈川の高校に通っていたときから始めており、津和野に来ても継続していました。

僕が研究対象にしていたのは、北極圏シベリアに生息する野生トナカイ。トナカイの周遊経路が変化した要因を、衛星リモートセンシング（人工衛星に搭載されたカメラで地球の表面を撮影する技術）を用いて探る研究をしていました。

この研究は、津和野高校に在籍していたからこそやれました。Ｗｅｂミーティングの準備に、週に6〜7時間、学会発表やポスター発表前は週に25時間を費やしました。ＳＳＰには進学校の子も参加していましたが、勉強との両立が本当に大変そうでした。僕は、根詰めて勉強しなくても高校の授業についていくことができた。だからこそ、「竹で築こう」の

⬆野生トナカイの研究で、アメリカの国際学会で研究発表もした。

活動と並行して、この研究にも没頭できたのです。

高2の12月、アメリカのニューオーリンズで開催された地球惑星科学の分野で最大規模の国際学会において、第一著者として研究発表をすることになりました。「北極圏トナカイの周遊経路の年次変化に関するリモートセンシングによる研究」と題し、英語で発表、質疑応答もしました。研究は、手作業の時間が多く、大変でしたが、最後に学会発表という形で成果をまとめることができ、充実感がありました。

友人と受験勉強コミュニティをつくる

「竹を築こう」の活動とトナカイの研究を通して、大学で学びたいという思いが湧き上がってきました。また、竹一つとっても、竹林管理は生態学ですが、竹林の文化や歴史、人々の暮らしとの関係性に関しては、文化人類学の分野も関わってきます。大学では、一つのテーマをいくつかの分野にまたがりながら研究したいという思いも生まれていました。

津和野高校では、大学進学を目指すのは4割、25名ほど。受験勉強は高3の9月から始める風潮があり、国公立に進学できるセンター6割を目安に勉強する人が多くいました。

僕はそれでは間に合わないと思い、一足先に高2の冬から受験勉強を開始しました。大学にいくなら、旧帝大にいきたいという思いがあったからです。ただ、東大は端から意識していませんでした。無理だからと心の奥底に押し込めるようにしていたというのが正直なところかもしれません。

志望校としたのは、九州大学（以下、九大）共創学部。文理融合で既存の学部にとらわれずに学ぶことができる学部です。これまで定期テストの勉強しかしておらず、学力に自信がなかったため、科目を絞ることにしました。九大共創学部の二次試験の受験科目は、文系数学（数学ⅡBまで）と英語と小論文。理系を選択していたのですが、物理と化学はセンター試験レベルまでにして、数Ⅲはやらないことにしました。数学は得意だったので、文系数学になったことは有利に働いたと思います。科目を減らす分、九大は、ＡＯ入試、推薦入試、一般入試の全部を受けるつもりでいました。

受験勉強を始めるにあたり、大学進学を目指している友人たちを誘い、受験勉強コミュニティをつくりました。放課後は、16時から22時まで町営塾で勉強。九大と同等レベルの大学を目指している友人はほとんどいなかったため、この勉強量で足りているのか、解いている問題のレベルが九大に相応《ふさわ》しいのかなど不安になることはありました。また、高校では地理の授業がなかったため、独学で勉強することになりました。それでも、一緒に勉強する仲間がいるからこそ、目標に向かって頑張ることができました。

高3の6月の段階で、九大は模試でＡ判定。秋には、共創学部志望者の中で学部1位という成績もとり、一般入試でも十分受かる可能性がでてきました。

以前、ある先生から言われたことがありました。

「東大の推薦を受けたら？　やりたいことがあればいいらしいぞ」

そのときは、真に受けていませんでしたが、九大の一般入試に合格の可能性があるのであれば、東大の推薦を受けてみるのもいいのではないかとの考えも浮かびました。

実は高3になり、建築学に興味を持つようになっていたのです。きっかけは、東大出身の伊東豊雄さんが書いた『「建築」で日本を変える』。建築は、人々の住まいやコミュニティのあり方を考え、貢献できるものであり、これからの時代は、地方にこそ建築の力が必要だと気づかされたのです。

また、僕には忘れられない原体験があります。高2の文化祭のとき、竹の入場門を制作しました。デザインを考え、友人たちの力を借りて建てる。でもバランスがとれず、うまくいかない。何度も試行錯誤を繰り返し、その末にようやく門が建ったときの達成感。それは、竹（材）が建築になる瞬間であり、ものが建つプリミティブな喜びを初めて感じたときでもありました。これもまた建築を学びたいという思いにつながりました。

そこから、様々な建築の本を読んでいくと、著者は東大出身の建築家や教授が多い。新国立競技場の建築家・隈研吾《くまけんご》さんも東大出身です。東大で建築を学びたいという思いがどんどん大きくなっていきました。しかし、受験科目を絞るために数Ⅲをやめたことで、東大はおろか、理系である建築が学べる学部も受験できない状況でした。

東大に合格する道はこれしかなかった

8月の頭、東大のオープンキャンパスに行きました。町には高校生が180人しかいないという津和野の風景に慣れてしまっていたので、まずは高校生の多さに驚きました。「東大を志望している高校生がこんなにいるなんて、日本は安泰だなあ」なんてわけの分からないことを思ってしまったのですが、これだけの高校生が目指しているのなら、自分も目指していいのではないかと感じたのです。

東大の推薦は、センター試験で8割以上とらないと足切りされてしまうし、2015年に推薦入試が始まって以来、合格者は募集定員100名に達したことがないという狭き門でもあります。推薦入試であれば九大の方が可能性が高いのではないか。そもそも進学校ではない津和野高校から東大に合格することはできるのだろうか…。不安や迷いはありま

⬆「竹で築こう」のメンバーや同級生たちと。地元のお祭りに出店する竹のテントを2日間かけて制作した。

したが、建築学をやるには東大しかない。チャレンジではあるけれど、悔いのない受験にしたい。そう思い、東大の推薦入試を受けることを決意しました。

推薦入試のため、願書の制作から面接対策まで、町営塾のスタッフの方や高校魅力化コーディネーターの方が力を貸してくれました。志望理由などは、竹の活動やトナカイの研究にはどんな意義があったのかを話し合うことで具体的な言葉としてまとめることができました。面接対策では、校長先生と何度もマンツーマンで練習。高校だけでなく、町全体でサポートしてくれたため、納得のいく状態で試験に臨むことができました。

書類審査は無事通り、12月に面接。5人の教授と45分の面接は、圧迫されるかもという不安とは裏腹に、対話をするように進みました。竹の活動に興味を持ってくれたようで、どういう思いで活動をし、どんなことを学んだのかなどを主に聞かれましたが、反応はよく、手応えがありました。

面接が終わった後は、1月のセンター試験対策に没頭。受験勉強仲間と平日は22時まで。土日は先生に休日返上で学校の鍵をあけてもらい、朝から夜まで10時間の勉強をしました。結果は、806点。9割近くとることができました。

2月に入り、合格発表の1週間前から勉強が全く手につかなくなりました。東大受験はチャレンジだと割り切っていたけれど、センター試験で9割近い点数がとれ、面接の感触も悪くない。「合格したんじゃないか」と合格後の大学生活が初めて現実味を帯びて感じられるようになったからです。気持ちを落ち着かせるよう、図書館で『スラムダンク』(井上雄彦)ばかり読んでいました。

そして、合格発表当日。高鳴る胸を抑えてスマホを開くと、期待通り、受験番号がありました。すごく嬉しかった。すぐに両親に連絡を入れると、とにかく驚いていました。島根での高校生活を日常的に見守ることができなかったので、心配していたようです。安心させられてよかった。

僕は、数Ⅲを勉強せず、東大模試を受けず、過去問も解かずに東大に合格しました。東大に入学し、もっと勉強をしていればよかったと後悔することもあります。しかし僕の場合、東大に合格するにはこの道しかありませんでした。

その道は「なんのために勉強するのか」という、もがきのなかでつくられた道でした。町に出て、地域の人と触れ合うなかで、学問と実社会とのつながりを体感することができ、学問を探求する意味を見出すことができた。そのことが東大の推薦では評価されました。

将来を考える際には、思い切って興味のある世界やこれまで関わったことのない世界に飛び込んでみてください。遠回りのように見えますが、そこから自分の進みたい道が見え

ることもあるはずです。
東大にきた今も、一番のモチベーションは探求したいという思い。まわりと心地よい関係性を築きながら、自分はこれからどう住まうのかを考えていきたい。そしていつか、建築学や都市工学の分野で研究者として、特に地方部の町での新しい住まい方を提示したいと思っています。

推薦対策ノート

推薦入試のために、建築、都市工学系の新書、専門書を30〜40冊ほど読んだ。出願に必要な志望理由書や面接対策のため、書籍の内容や、町営塾のスタッフの方、高校魅力化コーディネーターの方たちと話し合った内容などをメモし、考えを整理していった。

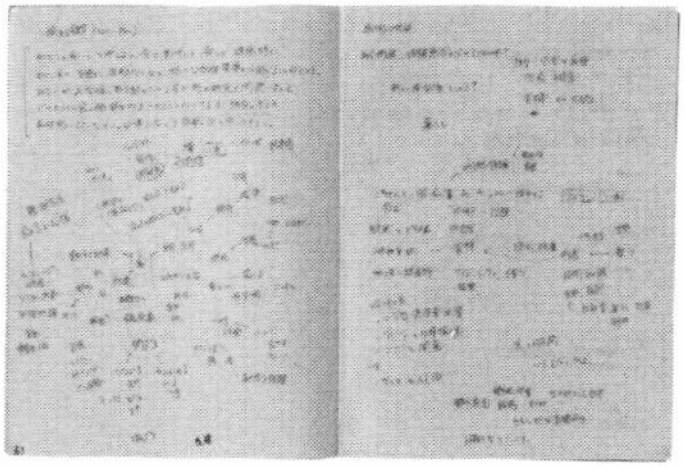

⬆推薦入試の論文の問題をメモし、構成を考えた。

使用した問題集・参考書

【英語】

関正生『関正生の英語長文POLARIS 3』KADOKAWA
関正生『関正生の英語長文プラチナルール』KADOKAWA
西きょうじ『ポレポレ英文読解プロセス50』代々木ライブラリー

「スタディサプリ」を活用

受験勉強の大部分で学習アプリ「スタディサプリ」を活用。映像授業を毎日２本（２時間程度）見ていた。高校の授業で扱わない内容を学べる上に、単元ごとに授業があるため、計画が立てやすく、全範囲を確実に勉強することができた。映像授業の後は、参考書や問題演習で知識の定着をはかった。

音読を10回繰り返す

高３の10月から『関正生の英語長文POLARIS３』『関正生の英語長文プラチナルール』（共にKADOKAWA）を使用。問題を解いた後、長文を10回音読することで、正確な発音が身につき、読解スピードも上がった。11月からは、英文和訳の練習のため『ポレポレ英文読解プロセス50』（代々木ライブラリー）を使用。和訳の問題を解いた後、解説を読み、音読を10回行うことで、構文の使い方や和訳のコツを学んでいった。

やってする後悔より
やらなかった後悔の方が大きい

教養学部
理科二類1年
渡邉結奈

渡邉結奈（わたなべゆうな）

2000年、埼玉県生まれ。父、母、４歳下の妹の４人家族。公立小学校を卒業後、埼玉県立伊奈学園中学校（偏差値54）に入学。中学から高校までバドミントン部に所属。伊奈学園総合高等学校（偏差値61）に進む。2019年、理科二類に現役合格。高校からは、９年ぶりの創立３人目の東大合格となった。東大入学後は、社会問題に興味を持ち、東南アジア諸国を訪れて現地の問題を解決するサークルなどに入り、経験や知識を深めている。

受験科目

センター試験　国語、数学ⅠA・数学ⅡB、英語、化学・生物、日本史B

二次試験　国語、数学、英語、化学・生物

試験の得点

センター試験　**７８０点**　二次試験　**２５０点**

まだ幼稚園に通っていたときのこと。縄跳びが跳べたらご褒美のシールがもらえると聞いた私は、どうしてもそのシールがほしくて、家に帰ってからも泣きながら縄跳びの練習をしていました。小さい頃から負けず嫌い。こうなりたいと目標が決まったら、叶えるためにとことん努力する。根性はある方でした。

中学受験は、小4の担任の勧めがきっかけでした。

「私立の中高一貫校を受験したらどうですか?」

地元の公立中学にこのまま進むのはもったいないとのことでした。成績はよい方でしたが、中学受験をする人はほとんどいない環境だったので、すぐに答えを出すことができませんでした。両親は「結奈がやりたいようにやりなさい」と私の意思に委ねてくれたので、しばらく保留とすることにしました。

小6の秋、家から近かった公立中高一貫校である、埼玉県立伊奈学園中学校の学校説明会に行ったんです。東京ドームの3倍以上という、小学校とは比べものにならない広い敷地には、10万冊以上の蔵書がある図書館に、体育館やグラウンドなど充実した施設。勉強に力を入れていることはもちろんなのですが、部活動が盛んで、オーストラリア研修もある。ここで中学生活を送りたい! 憧れの気持ちが生まれ、受験を決めました。

中学に入ってからはコツコツ勉強をしていたので、成績は学年でトップクラス。悪くても3位以内に入っていました。東大を視野に入れたのは、高1の頃。当時は、医療を通して人の役に立ちたいという思いがあり、薬学部を目指そうと考えていました。自宅から通える関東圏の国公立を調べると、千葉大と東大にしか薬学部はありませんでした。

本格的に東大を第一志望としたのは、高2の秋の終わり。きっかけは、埼玉県教育委員会が実施している「県立高校グローバルリーダー育成プロジェクト」への参加でした。県立高校の生徒50名が試験によって選抜され、英語による講演会や研修を受けることで、批判的思考力や課題解決力の向上を図るというものです。国内でのレクチャーを経て、11月上旬、10日間のアメリカ研修へ行きました。このとき、ハーバード生がレクチャーを行ってくれたのですが、そのテーマが、「ホームレスの人たちがいるのはどうしてなのか？」「アメリカの銃規制に関してどう思うか？」など、今まで考えたことのない上に、すぐに答えの出せない社会問題ばかり。自分がこれまでいかに何も知らずに過ごしていたのかということを突きつけられました。同時に、自分と歳の変わらない大学生が強い問題意識を持っているということに衝撃を受けました。

「不治の病に効く新薬を開発したが、副作用がある。製薬会社のトップならどうしますか？」こんなテーマでレクチャーを行ってくれたハーバード生に聞きました。

「大学で何を専攻したら、そんな興味深い内容を学べるのですか？」

すると意外な答えが返ってきたのです。

「専門でやっているわけではない。興味があるから自分で調べているだけだよ」

それまで大学というところは、薬学部であれば薬学の勉強だけをするものだと思っていました。しかし、興味さえあれば、専門にかかわらず学べるのだと知ったのです。そのとき私のなかに、もっといろんなことを知りたい、学びたいという思いが強く湧き上がってきました。東大は、1、2年が教養学部となり、学部問わず幅広く学べます。まずは、たくさんのことを学び、そこから自分が本当にやりたいことを見つけよう。

ここから東大が第一志望になりました。高1の文理選択で理系を選び、生物を選択していたので、理科二類を受験することにしました。

予備校と学校を相互に活用

中学からずっと、バドミントン部に所属しており、週5〜6日、平日は19時まで練習。高2の夏の初め、部活中にアキレス腱を切ってしまい、しばらく練習を休まなくてはいけなくなったことがありました。そのとき親戚から言われたんです。

「これを機に部活を辞めた方がいいよ。東大は部活をやりながら目指せないから」

バドミントン部は強豪ではないし、私もけがが多く、レギュラーだったわけでもありません。でも、どうしても辞めたくなかった。大切な仲間たちがいるし、絶対に最後までやり遂げたいという思いが強くありました。

何かに挑戦するとき、何かを選ばなくてはいけないとき、私はいつも「やってする後悔より、やらなかった後悔の方が絶対に大きい」という思いで決めてきました。伊奈学園に入ってから、様々な経験を経るなかで強く感じるようになったことです。諦めたら何も始まらない。部活を辞めて後悔することだけはしたくなかった。けがが完治するまでは、リハビリに努めつつ、手首を鍛えるなどしながら、高2の10月に部活に復帰しました。

⬆高校の文化祭で友人と。高校時代は部活や様々な活動に全力で打ち込んだ。

高1から東大を視野に入れていたので、高2の夏休み明けから週に2日、駿台予備校に通っていました。科目選択の関係で、お茶の水校、大宮校の掛け持ちでした。予備校に行く日は部活を途中で切り上げ、長期休暇の講習の際には午前中に講習を受けた後、急いで帰り部活に参加、という生活。やはりきつかった。

そこで、高3からは、駿台予備校の映像講座を活用するようにしました。伊奈学園総合高校は、駿台予備校の高校支援プログラム「駿台サテネット21」を導入しており、駿台講師陣の映像講座をテキスト代のみで、自宅のパソコンで受講できたのです。まわりの友人たちはあまり活用していなかったのですが、私は気になる講座はすべて受講したので、自宅にはテキストが山積み。1日に複数の講座を受けるということもしょっちゅうでした。

私は、予備校と学校を相互に活用したことがすごくよかったと思っています。

学校では、教科書の内容だけで応用までいかない授業や、教科書の内容が最後まで終わらないという授業もありました。科目によっては習熟度別授業があり、また、難関大学を目指す生徒に対応してくれる先生もいましたが、東大専門の対策が受けられるわけではありません。予備校は、学校の授業で物足りない部分をしっかり補ってくれました。

例えば、学校の数学の授業は、問題を解いて、答え合わせをして終わりのところを、予備校の講義だと、一つの問題から派生して、タイプごとに問題を系統化し、考え方や解き方を教えてくれます。東大入試は、教科書レベルの知識があればすぐに解けるというものではないし、解き方、考え方の道筋は、ひとりでやっていてなかなか分かるものではありません。東大入試を熟知した講師による質のよい授業は助けになりました。

一方、映像授業では、分からない部分を講師に質問することができません。そんなときは学校の先生に質問しに行っていました。熱心に答えてくださる先生がたくさんいらっしゃったので、始業前や放課後、長期休暇中など、積極的に質問しに行き、個別に対応していただきました。このように個人に対し丁寧に対応してもらうことができたのは、いわゆる進学校ではない強みでもあったのかなと感じています。

隙間時間の勉強と2つのノート

高3の5月に部活を引退。この時点で、模試では、東大はよくてC判定でした。

ここからは、5時半に起床、少し勉強したら早めに登校、授業が始まるまで自習。学校が終わるとすぐに帰宅、17時から23時頃まで勉強して寝る、という生活を続けていました。

とにかく時間が足りないと感じていたので、通学のバスに乗っている30分や休み時間という隙間時間も大切な勉強時間でした。隙間時間では「読む」勉強をしていました。『鉄緑会東大英単語熟語　鉄壁』(KADOKAWA)は、666ページと重量感のある単語帳ですが、毎日持ち歩き、数えきれないくらい見直したので、いつの間にか表紙がとれ、ボロボロになっていました。

10月からは、隙間時間の読み物に、生物の教科書も加えました。駿台予備校のクラスリーダー（駿台予備校ＯＧ、ＯＢの現役大学生）から、生物は、問題演習より、教科書を読む方が大事とアドバイスをもらったのです。それまで教科書は軽視していたのですが、試しに読み始めてみるとすごくよかった。注目してこなかった太字ではない文章にも大切な内容が詰まっており、二次試験の解答に使えそうなフレーズがたくさん！　過去問や予備校の東大講座の内容を踏まえながら、出題されそうな部分にラインを引きながら読んできました。すると、生物の成績が一気に上がったのです。用語を覚えるだけでは見えていなかった知識同士のつながりが理解でき、その用語が単元全体においてどういう役割を担っているのかが分かるようになったからだと思います。このおかげでセンター試験はもちろん、東大二次試験でも、苦手な化学の点数を補うだけの点数がとれました。

夏休みも必死で勉強したのですが、秋の東大模試でもＤ判定。数学でひどい点数をとってしまいました。入試本番までもう数か月。とにかく時間がないため、より効率的に、一回学んだことを無駄にしないよう徹底するために、２つのノートを活用しました。

一つ目は、数学の「解き方ポイントノート」です。最初は、予備校の映像授業を見ながら解き方のポイントをメモするだけだったのですが、それでは問題を解いたら終わりとなり、次につながらない。次に似た問題が出ても絶対に解けるようにしておくために、この問題は結局何を問うていて、それに対してこの解き方をするとこんなよいことがあるなど、感じたことを書き出すようにしていきました。つまり、問題の一般化・抽象化をするようにしたのです。「解き方ポイントノート」は、最終的に11冊になったのですが、東大入試にすごく役立ったと感じています。

「東大入学者募集要項（前期日程）」には、数学には「目の前の問題から見かけ上の枝葉を取り払って数理としての本質を抽出する力、すなわち数学的な読解力」を求めているとあります。東大の入試問題には、見た目は違うけれど実は同じことを問う問題がよく出題されます。複雑に見えても、聞きたいことはシンプルだということもあり、「解き方ポイントノート」を書き続けることで、問題の本質を見抜いていく力がついていきました。

もう一つは、センター試験の40日前頃から東大二次試験直前まで書き続けた「学んだことはその日のうちにノート」です。新しく学んだ内容をその日のうちに理解し覚えるために、勉強終わりにノートに書き出していきました。もう一度学び直すという時間のロスをなくし、知識の穴をなくすため、とにかく最後まで学んだことを頭に叩き込むというつもりで、書いては見直すことを繰り返しました。このノートは、受験当日、試験会場に持っていきました。

なんでも頑張ってきた人が合格する

私の代は、東大志望者が６名いました。伊奈学園総合高校で東大志望がこんなにいるというのはおそらく初めてのことだったと思います。私が伊奈学園中学を受験した２０１３年は、入試制度の変更があり、学力テストの前に行われていた抽選を廃止し、学力勝負になった年でした。そのため、同級生には優秀な人が多かったのです。

とはいえ、６名の東大志望のうち、女子は私だけ。ほかの子たちは、中学生の頃から数学オリンピックに出場し、休み時間に数学の話をしているような強者揃い。私の成績も、高校の初めまでは学年トップでしたが、どんどん抜かされ、模試の結果では、東大志望６人中５番か６番。私が受かるのであれば、みんな受かるんだろうなという状況でした。

そんなほかの東大志望の子たちのなかには、部活をやっていなかったり、学校を休んで受験勉強をしていたりする人もいる。一番成績のよくない私が、毎日学校に通い、内職も

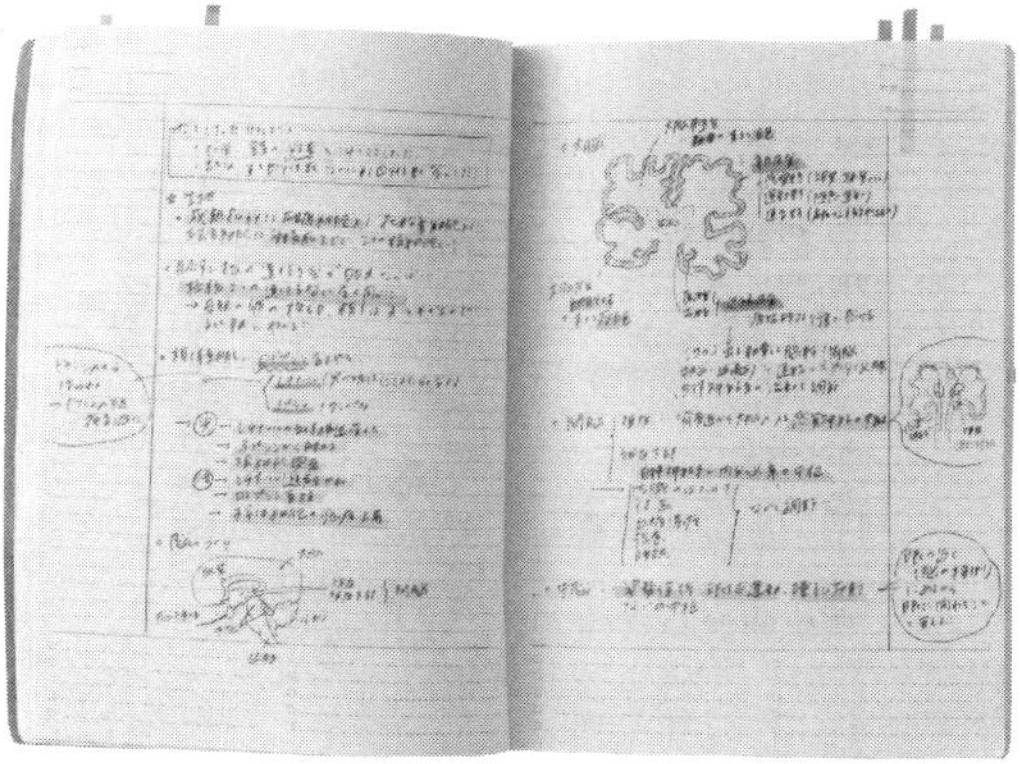

⬆A5サイズの「学んだことはその日のうちにノート」には、学んだ知識だけでなく間違えた内容もメモしておいた。

せずに授業を受けている。部活も続け、学校行事にも積極的に参加している。こんなことをしていていいのか…。焦りがつのったとき、担任の先生が言ってくれました。

「あなたは、アメリカ研修にも行ったし、部活もアキレス腱のけがから復帰して最後まで続けた。なんでも頑張ってきている。最終的には、そういう人が東大に受かるんだよ」

つらくても最後まで頑張るしかない。最後の最後まで学校に通い、東大受験にあまり関係のない授業でも受け続けました。

12月から1月上旬はセンター対策に没頭。そして迎えたセンター試験。

結果は、得意な数学で失敗し、9割弱の780点でした。センターリサーチで、東大はD判定。普通はそこで諦める人も多いのですが、私はもちろん諦めませんでした。これまでの模試の結果から厳しい闘いになることは分かっていました。逆に、自分と東大のギャップを現実として突きつけられたことが、追い込みへの原動力になりました。

食事とお風呂に入る時間と6時間の睡眠以外は、ずっと勉強。直前期は、1日13時間勉強していました。受験校は、東大を第一志望にし、併願校は、リベラルアーツを意識して選んだ、国際教養大学、早稲田大学国際教養学部、慶應義塾大学総合政策学部を受験しました。センター試験が終わり、2月上旬までは順調に勉強を進めていました。ところが、最初の受験校となった国際教養大学のA日程で、まさかの不合格。緊張もあり、エッセイがうまく書けなかったという自覚はありましたが、ここをおさえて安心したいと思っていたので、かなりショックでした。1週間後に控えた早稲田大学は絶対に落とせない。しかし、英語の問題は、英文が長く、試験時間内に解ききれない。もうどこも受かる気がしない…。浪人を覚悟し、不安に押しつぶされそうになっている私に、母が言いました。

「過去問はちゃんと解いたの？　もうやるしかないでしょう」

まさにその通りでした。悩んでいる暇があるなら、やるしかないのです。そこから4日ほどで、早稲田大学の過去問10年分を解きました。すると、しだいに脳が早稲田の英文に慣れ、解けるようになったのです。そして無事合格。その後、国際教養大学はB日程で、慶應大学総合政策学部にも合格しました。

もし最初に落ちた時点で「やっぱり無理だ」と落ち込んでいたなら、どこも合格できなかったでしょう。最後の最後まで諦めなければ何かが変わるんだと実感しました。

ここからは、東大入試に向けラストスパート。センター試験や併願校の対策に追われてしまっていたため、特に数学では、頭の使い方がセンター試験の解き方に慣れてしまっており、今度は逆に、1月に解けていた東大の問題が全然解けなくなっていました。このときもかなり焦りましたが、気持ちを落ち着かせました。この問題は私に何をさせたいのか、どうしたら答えにたどりつけるのか、冷静に問題の中心部分を捉えることを心がけました。

期待し信じてくれる人たちがいたから頑張れた

東大二次試験当日。本郷に着くと、多くの人が大学に向かって歩いていました。東大の前にはたくさんの受験生と取材しているマスコミの人たち。「あー、私は今、東大を受けに来ているんだ」と気持ちが高ぶりました。

「ついに対戦できるね」

受験直前、担任の先生が言ってくれた言葉です。

「東大を受けられること自体がすごいんだから、楽しんできなさい」

家から送り出すときに、母が言ってくれた言葉です。

さあ、問題と向き合おう。私はとてもリラックスしていました。

2日間の試験は、憧れの東大で入試問題に挑むという、とても楽しい時間でした。しかし、合格しているとは思えなかった。合格最低点は550点中330点。届いているはずがない。3月10日、東大合格発表の時間、私は家族と共に池袋駅にいました。東大がダメだったら、そのまま慶應義塾大学のオリエンテーションに行くつもりでした。

駅の階段で、スマホを手に合格発表を開きました。

「やったー」「受かっているよ！」

私の受験番号を先に見つけた家族が喜びの声をあげました。あれ、受かっている？　見間違いじゃない？　信じられず呆然とする私の横で、妹が泣いていました。

２０１９年は、伊奈学園からは、私を含め２人が東大に合格しました。９年ぶりの東大合格でした。一番可能性の低かった私が合格した理由を考えると、試験当日の精神状態がよかったこと、そして、最後まで諦めなかったことに尽きると思います。どんな状況でも諦めずにいられた理由、それは何事も全力で最後までやり遂げるという経験があったから。

東大進学者がほとんどいない高校から東大を目指すと、それなりの困難はついてきます。

私の場合は、東大志望であることは親友にしか話していませんでした。東大志望ということでまわりから引かれたり、変に注目されることを避けたかったからです。

11月頃から、推薦入試で大学を決めていく人が増え、解放感あふれるなかで勉強を続けるのは、つらいものがありました。まわりの友だちが次々に推薦入試で合格していく姿を見たときには、「私は夏もずっと勉強していたのに…。今まで頑張ってきた自分が落ちたらどんなに悔しいだろう」と思うこともありました。

でも、支えてくれる人たちもいました。

親友や担任の先生はもちろん、家族がずっと応援してくれました。部活を辞めないと決断したときも、成績が追いついていないのに東大を受験すると言ったときも、いつも私の意思を尊重してくれました。やりたいようにやればいいと背中を押してくれる父。栄養バランスを考えて食事をつくり、予備校や学校に行く際、駅への送り迎えもしてくれた母。そして、受験当日には、妹が中心となり、家族からユーモア溢《あふ》れるメッセージが書かれた手づくりのお守りを手渡してくれました。このお守りが、私の気持ちを落ちつかせてくれた。

私を信じ、期待してくれた人たちがいたからこそ、最後まで走り抜けられたのです。


テレビに出ている個性的な東大生を見ていたからか、東大生は変わっている人ばかりというイメージがあり、私はなじめないかもしれないという不安もありました。でも、実際は普通の大学生で、普通の人たちばかり。居心地がよ

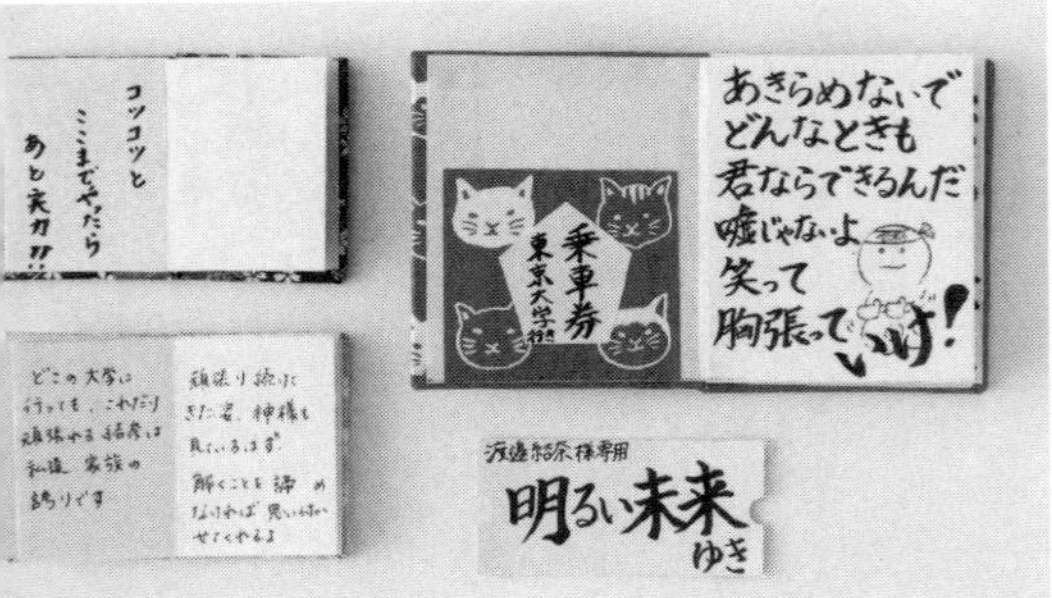

⬆豆本風の家族からのお守り。明るくユーモアある家族からのメッセージに力をもらった。

く、楽しいです。

東大は特別な場所ではなく、正しい努力をすれば誰でも入れる場所です。勉強したことをきちんと消化していけば大丈夫。東大にいきたいという気持ちがあるなら、その選択肢を消さないでほしいなと思います。女子というだけで、目指すことを諦める人が多いかもしれない。でも、ダメ元でいいから挑戦する勇気を持ってください。女子学生は少ないので、すごく仲よくなれますよ。

私の東大合格勉強法
渡邉結奈

効率化を図るノート

勉強の効率化のため、２種類のノートを使った。一つは、高３の夏から書き始めた数学の「解き方ポイントノート」（下）。予備校の映像授業のメモだけでは、次に同じような問題と出合っても解けないことがあるため、解けるようにするにはどうすべきかを意識しながらポイントを書き出した。このノートは最終的に11冊になった。もう一つは「学んだことはその日のうちにノート」（P127）。センター試験の40日前頃から東大二次試験直前まで、科目を問わず、その日に学んだ新しい知識をその日のうちに理解し覚えるために書き出した。入試当日は、このノートを試験会場に持っていった。

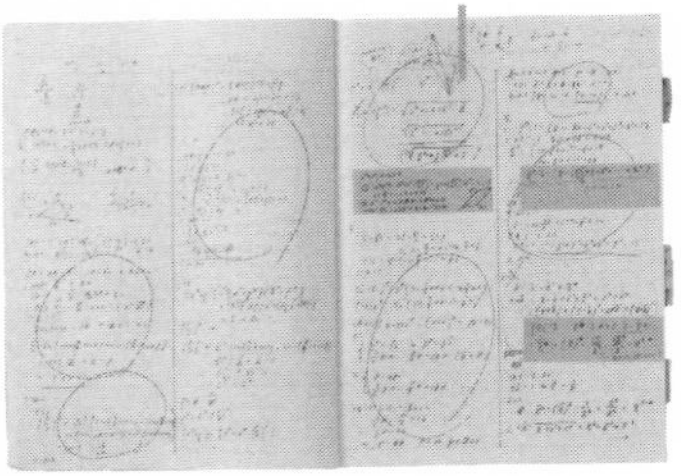

⬆重要なポイントはふせんに書き、貼った。

使用した問題集・参考書

【英語】
『鉄緑会東大英単語熟語　鉄壁』
KADOKAWA

東大対策は駿台予備校

高２の夏から、駿台予備校のスーパーαコースの英語と数学を受講。高３からは、通塾は生物だけにして、ほかの科目は、高校が導入していた駿台予備校の高校支援プログラム「駿台サテネット21」を活用、映像授業を受講することにした。テキスト代のみで映像授業を受けられるため、東大受験に必要だと感じたものはすべて受けた。おかげでやるべきことを見失うことなく進められた。

単語のイメージを理解

『鉄緑会東大英単語熟語　鉄壁』（KADOKAWA）は、高３の５月から使用。通学のバスのなかで、理解や暗記があいまいな部分にふせんを貼りながら読んだ。何度も見直したので、表紙もとれてボロボロに。この単語帳は、単語の語源や接頭語、接尾語の意味も書いてあり、一つの単語からいろんな言葉を関連づけて覚えられる。東大入試の英語は、単語の意味だけ覚えても、長文読解においてはそのままの意味で理解できないこともあるため、単語の根底にあるイメージを理解できたことが役立った。

居心地のいい場所を得るためには
自分で変えていくしかない

医学部
医学科3年
小田原光一

小田原光一（おだはらこういち）

1998年、福岡県生まれ。父、母と５人きょうだいの７人家族。４番目の三男。長男、長女は研修医、次男は医学部に在籍中。公立小学校卒業後、私立大牟田中学校（偏差値34）に入学。大牟田高等学校（偏差値41～57）普通科誠進コースへ進学。2017年、理科三類に現役合格。高校からこれまで東大合格者は数名いたが、現役かつ理系の東大合格は初。現在、医学部で学びながら、VRを使った映像制作の事業をスタートさせている。

受験科目

センター試験　国語、数学ⅠA・数学ⅡB、英語、
物理、化学、地理B、倫理、政治・経済

二次試験　国語、数学、英語、物理、化学

試験の得点

センター試験　**８３２点**　二次試験　**３２４点**

小学生の頃から、スイッチさえ入れば何時間でも勉強することができたので、自分はガリ勉タイプだと思っていました。ただ、やるときとやらないときの差が激しかった。授業がつまらないと感じると、途端にやる気をなくし、態度が悪くなりました。

中学受験は、両親に勧められました。兄2人と姉も中学受験をしており、両親としては学習環境を考慮し、公立よりも私立と感じていたのだと思います。でも僕は、なんのために中学受験をするのか分からず、全くやる気がありませんでした。模試では適当に解答欄を埋め、余白に漫画を描いて時間を潰す。福岡県の最難関私立、久留米大学附設中学校を受験したのですが受かるわけもなく、家から一番近い私立大牟田中学校に入学しました。

入学後は、真面目な生徒とはいいがたく、遅刻はするし、授業中は騒ぐか寝るかの問題児。「勉強、面倒くせー」と言って、放課後は友人と遊び、夜は誕生日プレゼントにもらったタブレットで、自宅で彼女とチャットばかりしていました。

学校の授業がおもしろくなかった。授業は、クラスみんなに合わせるためテンポがゆっくりで、このことがよりつまらなさを感じさせました。小学校から蓄積されていた不満が、中学生になり爆発したのだと思います。反抗的で、素直に学ぶということができない。中1にして、すでに中2病でした。

ただ、小6の中学受験後に入塾した東進衛星予備校（以下、東進）には定期的に通っていました。兄2人と姉もここにお世話になり、3人とも医学部に進んでいます。塾長から「1日2時間は勉強すること」と言われていましたが、もちろんやる気はなく、「勉強しろ」と叱られてばかりでした。

この頃、僕には漫画家になるという夢がありました。「週刊少年ジャンプ」で連載していた『NARUTO《ナルト》』の作者である岸本斉史《まさし》先生が、九州産業大学出身と知り、大学はそこにいこうと思ったんです。模試では、大学入試を想定した予想偏差値ですでにA判定だったので、「僕、もう勉強しなくてもいいんじゃないですか？」と予備校の先生に言うと、「ちょっと待って」と止められました。

「見方が狭すぎる。せっかく塾に来て勉強しているんだから、もっと高い目標を持とう。そうだ、東京大学を目指そう」

このとき僕は、初めて東大を意識しました。とはいえ、中学校での成績は10番目くらい、予備校では言われたことを適度にこなすくらいでした。

勉強で結果を出すと東京に行ける

中3の秋、僕の勉強に対する価値観をがらりと変える出来事がおこりました。

予備校の先生に勧められ、なんとなく受けた「全国統一中学生テスト」。それが終わり、合唱コンクールの練習に励んでいたある日、家に帰ると「光一、東京に行けるって！」と母が嬉しそうに言うのです。「全国統一中学生テスト」の成績が全国上位に入り、東京で行われる決勝大会に招待されたとのこと。人生で一度しか行ったことのない東京、次に行くとしたら大学生になったときだろうと思っていた東京に、無料で行ける。興奮しました。さらに、この決勝大会で入賞できたため、iPad mini《アイパッドミニ》がもらえたのです。彼女との連絡に使っていたタブレットを水没させたところだったので、単純に嬉しかった。

勉強で成果を出すと、東京に行くことができ、さらに一番ほしいと願っていたiPad miniがもらえる。勉強の価値を肌で感じたのでした。ここから勉強に対するモチベーションは爆上がりしました。

大牟田高等学校普通科誠進コースに進学し、高1になった僕の次の目標は、「全国統一高校生テスト」で再び決勝大会に行くこと。とにかく頑張りました。その結果、無事決勝大会に出場し、成績優秀者になることができた上に、さらに、ハーバード大学の奨学金候補者に選ばれたのです。

東進ハイスクールでは、「全国統一高校生テスト」の決勝大会の成績と人物評価（課題論文・面接）によってハーバード大学留学支援制度（現在は、米国大学留学支援制度）の対象者を選抜します。僕がその候補者に選ばれたということは、ハーバード大学に合格しさえすれば、留学費用を支援してもらえるのです。

「俺がハーバード大学にいけるの？」

全く予想していないことでした。これで完全に僕は、浮かれてしまいました。「俺、結構イケてる」と自信満々になり、放課後は友人と公民館で卓球をしたり、バスケをしたり、彼女の家で遊んだり。勉強に身を入れなくなりました。その結果、高2の「全国統一高校生テスト」では、1点足りずに決勝大会に行けませんでした。それを知った瞬間、後頭部を思いっきり殴られたようなショック、いいようもない気持ち悪さが自分のなかを走りました。遊びながらも薄々感じていた後ろめたさ、高1のときにうまくいき過ぎたことを恨む気持ち、楽をしようとしていた怠惰な気持ち、そして、そんな自分を自覚しながらも目を背《そむ》けていた自責の念。それらが一気に爆発し、泣き崩れました。とにかく勉強するしかない。この日は、予備校の自習スペースで嗚咽《おえつ》をもらしながら勉強し、帰宅後も夜中まで勉強し続けました。悔しさに押しつぶされそうになりながらも、久しぶりに集中することで「一生懸命やる勉強は楽しいんだ」という感覚が蘇ってきました。

真面目に正しく勉強すれば、3か月で東大合格圏内に

留学支援の候補生に選ばれて以来、ハーバード大学を受験することは決めていました。

ハーバード大学は、高校3年間の成績やエッセイ、推薦状などに加え、日本のセンター試験にあたるアメリカのSAT《エスエーティー》（大学進学適正試験）を受けなくてはいけません。ただ、合否は学力だけではなく、「異なる考え方や表現の自由を尊重できるか」「リーダーシップを発揮できるか」「社会的貢献ができるか」など、ハーバード大学の理念に合った人物かどうかも重要な判断基準となります。成績がよくても合格するとは限らないのです。ハーバードの対策だけに注力し、ハーバードにも日本の大学にも落ちるのは最悪の結果です。両親に迷惑をかけてしまう。両親を安心させるためにも、日本の大学の合格を確実にしておきたいと考えました。

僕は、5人きょうだいなので、大学は国公立大という大前提がありました。学部に関しては、法学部と医学部の両方に興味があったので、受験学部を決められずにいました。ただ、一番困るのは医学部にいけなくなること。

それは、医師である父が影響しています。「医師になれ」と言うような父ではありませんが、家では時間さえあればいつも研究論文を読み、誰よりも学んでいる父。その姿を見て育ってきたので、小さい頃から「自分もいずれは医師になり、社会に貢献するのかな」という思いがありました。その思いを断ち切るわけにはいかない。そこで、東大の理系学部に合格できる力をつけようと考えたのです。そうすれば、国公立の医学部にはたいてい入れますし、また、東大であれば、3年に進級する際に文転も可能です。

高2の11月、東大合格を確実にするための勉強をスタートさせました。目標としたのが、3か月後の2月末に行われる東進の「東大入試同日体験受験」。東大入試と同じ日に同じ問題に挑戦できるイベントです。ここで、東大に合格できる点数をとろうと考えたのです。そのためには、高3の内容を先取りしていくしかありません。

ここからは、猛勉強の毎日でした。

東進では、映像授業で高速学習をし、上の学年の学習範囲を学ぶこともできます。朝は5時に起きると、自宅で映像授業を1コマ見てから登校。学校の授業では、内職をし、放課後は、夜の23時まで予備校で映像授業を見る。週末も5時に起きて、1コマ見た後、9時から23時まで予備校で映像授業を見ながら勉強しました。

学校の授業での内職は、勝手にやっていたわけではありません。先生に断りを入れた上でのことです。自分のやるべきことが見えたときに、先生に相談しに行ったんです。

「僕には、ハーバードと東大に合格するという目標があり、そのためには自分で勉強を進める必要があります。申し訳ないのですが、内職をさせてもらえませんか？」

内職もこっそりやれるならやりたいという思いはありましたが、後ろめたさを感じながら勉強するのは嫌だったし、先生の視線も気になる。だったら、もう言っちゃえという感じでしたが、先生がたは基本、快く受け入れてくれました。定期テストではずっと10番目くらいの成績でしたが、模試では全国レベルで優秀な成績を出していたので、先生としても僕に向けて授業をしているという意識はなかったと思いますし、僕の努力も伝わっていたのだと思います。

勉強は、やみくもにやっていても仕方ありません。計画もしっかり立てていきました。「東大入試同日体験受験」で東大に合格する点数をとることを「大目標」とし、それを達成するために時期ごとに何をクリアしていくべきかという「中目標」を決めました。さらに、それに合わせて日々やるべきことを考えていきます。

朝5時に起きると、ルーズリーフ1枚に、その日のToDo《トゥドゥ》リスト、参考書のやるべきページなどを書き出し、そのルーズリーフを一日中持ち歩きます。やるべきことが終わればチェックを入れ、また、ルーズリーフの余白に、その日に学んだ新しい知識、化学式や英文などを書き留めておきます。夜、寝る前には、ルーズリーフの余白に書き留めた知識を、ウィークリー式スケジュール帳のその日の欄に、復習がてら転記していきます。

このスケジュール帳には、新たに学んだ知識がどんどんと蓄積されていきました。勉強前に開き、これだけ勉強したんだと成果を感じながらニヤニヤした後は、内容を確認し、覚えていたら斜線でサクサク消していく。これが勉強開始のルーティンになっていました。

3か月後、「東大入試同日体験受験」では、理一の合格点にはギリギリ届きませんでしたが、理二の合格点をとることができました。たった3か月でしたが、真面目に正しく勉強すれば東大に手が届く。大きな自信になりました。

様々なことにチャレンジしたハーバード対策

高2の3月からは、ハーバード大学の対策に入りました。ハーバード大学の理念に合った人物としてみてもらうためには何をすべきなのか。まわりにアドバイスしてくれる人はいなかったので、暗中模索のなか、とりあえずやれることはやろうと決めました。高校では、生徒会副会長としての活動をしながら、高3の夏から秋にかけては、高校の外で様々なチャレンジをしました。「全国物理コンテスト　物理チャレンジ」や「化学グランプリ」、「エコノミクス甲子園」に「ライオンスペシャル　高校生クイズ」にも参加しました。「物理チャレンジ」では、実験課題レポートを提出し、理論問題コンテストを受ける一次チャレンジを通過し、銅賞に入賞しました。それぞれ時期が違うため、一つ一つを目標にして、準備をしては挑戦するということの繰り返しでした。

その一方で、市販のテキストなどを使い、ＳＡＴの対策を進めていきました。ハーバード大学を受験するには、英文読解やエッセイ（writing）、数学が出題されるＳＡＴ論理試験（SAT Reasoning Test）と化学、社会、言語など5分野、20科目からなるＳＡＴ科目別試験（SAT Subject Test）から2科目を選んで受験しなくてはいけません。特にＳＡＴ論理試験の英文読解とエッセイに苦労しました。アメリカの高校生向けのテストなので、僕の英語では全然かなわない。それでも続けていくうちに、なんとか対応できるようになっていきました。

夏に、六甲会場でＳＡＴ論理試験とＳＡＴ科目別試験の数学と物理を受験。結果は、ハーバード大学志望者の中では上位の成績でした。この結果に、高校時代の活動などについてまとめたエッセイや先生からの推薦状を加え、10月末にハーバード大学のアーリーアクション（早期申込）に応募。結果は惜しくも補欠。そして12月31日に最後のチャンスである一般出願をしました。あとはもう4月1日の発表を待つだけです。

余談ですが、ハーバードの受験準備が落ち着いた12月

⬆「物理チャレンジ」の準備に使用した教材。いろいろな挑戦が学力アップにもつながった。

の終わり、僕は、好きだった子に告白をしました。実はその子に振り向いてもらいたくて頑張っていたところもあったのですが、見事ふられてしまい…。「まじか〜、虚《むな》しいなあ」と感じつつも、落ち込んでいる暇はなく予備校の勉強合宿に参加しました。

センター試験後に文理選択

さて、東大入試まであと2か月。

ここまで、模試で東大A判定をとったことがありませんでした。よくてCかD判定、最後に受けた模試では、東大理三はE判定。しかし、大きな不安はありませんでした。東大に向けての勉強をしていないのだから、仕方のない結果。ここからやればいいのです。1年前、東大合格には絶望的な成績だったのに、3か月間必死でやることで、「東大入試同日体験受験」で東大合格レベルまでもっていくことができた。正しく真面目にやりさえすれば合格できるという思いがありました。

英語は、SATなどハーバード対策のおかげで、東大入試の英作文問題は、2つ合わせて5分かからずに書けるようになっていました。物理も、夏の「物理チャレンジ」の準備で成績を伸ばし、二次試験60点中50点はいける。国語はまあまあ。問題は、数学と化学でした。化学は60点中一桁、数学は120点中30点ほど。

化学と数学の勉強を主軸におきながら、並行して、世界史や倫理、政治・経済も新たに独学で進めていきました。ハーバード大学は、文理を分けずに入学選抜を行い、入学後もどちらの学問も学ぶことができるのですが、その考え方にすごく共感していたので、受験勉強でも、文理を意識せず、興味があることを学ぶようにしていました。勉強してみると、理系科目も文系科目もどちらも楽しい。この時点でもまだ、医学部か法学部か決められずにいたので、センター試験後に決めることにしました。

1月中旬、センター試験が終了。832点となかなかの出来。2週間だけめちゃくちゃ頑張った倫理、政治・経済も8割とることができました。

その数日後、僕は機上の人となっていました。予備校の計らいで、4泊5日でアメリカのハーバード大学へ見学旅行に行くことになったのです。東大二次試験まで1か月となったこの時期に、なんともクレイジーな行動でしたが、僕にとってはいい経験になりました。旅行はもちろん、参考書持参。当時、数学の問題を解いてTwitterに投稿、リツイートの数だけまた問題を解くというチャレンジを思いつきでやっていました。リツイートが200、300となるので、なかなか追いつかず、飛行機でもiPadで問題を解いてTwitterに投稿。「つらい」と言いながら、結構楽しんでやっていました。

そんなことをしているうちにボストンローガン空港に到着。初めての海外、初めてのアメリカ。シンプルな感想になりますが、日本とはスケールが違うと感じました。ハーバード大学は、広大なキャンパスに、世界最大級といわれる歴史ある図書館があり、そこを行き交う大学生も個性的で、「すごい」の一言。ここで大学生活を送れたらいいなと思いはしたのですが、ただ、アメリカの食事が口に合わなかった。やっぱり日本の方が好きだなとも感じました。

帰国後は、東大二次試験に向けラストスパート。受験学部は理三に決定。高校時代の勉強を振り返ると、理系科目の方に時間をかけてきたということが決め手でした。ここからは1日のほとんどを勉強時間にあてました。点がとれていなかった化学は、過去問を解く際には「30分チャ

⬆東大二次試験１か月前にハーバード大学を見学にアメリカへ。

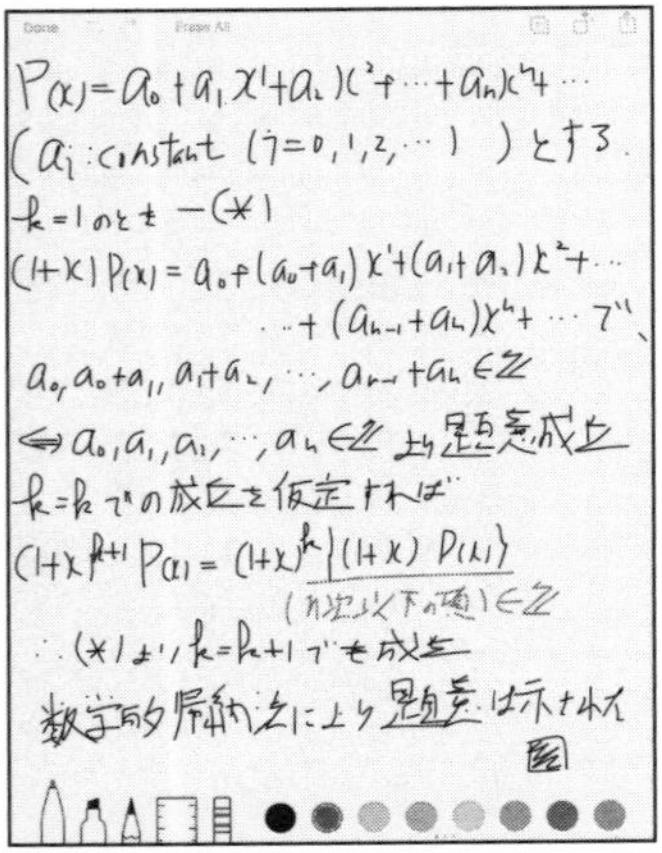

⬆アメリカ旅行の機内でiPadで解いていた数学の問題。

レンジ」と称し、時間制限を設けスピードアップも図っていくことで、入試直前には、30分で60点中45点とれるところまでもっていくことができました。

そして、東大二次試験。2日目の最後の試験、英語が始まる前には合格を確信。試験開始から45分後に始まるリスニングが終わると同時に、すべての問題を解き終え、残り時間は、「これで受験生はおしまいか」なんて感傷に浸っていました。

3月10日。合格発表は、自宅で母と一緒に見ました。合格しているとは思いながらも、試験後にいくつかミスに気づいていたので、Webで自分の受験番号を見つけたときはとても嬉しかった。あまりの嬉しさに「うお――――！」と叫びながら、母を抱き上げました。

そして、4月1日。東大のオリエンテーション合宿に出発する直前、ハーバード大学の結果が届きました。不合格。合宿では、新たな同級生たちに「落ちた～」と言って、なぐさめてもらいました。

環境に文句ばかり言っても何も変わらない

大牟田高校から、東大理三に現役合格というのは初の快挙でした。僕の後はまだ東大合格者が出ていないため、後輩からは「別格の人」だと思われているそうです。結果だけを見たらそうかもしれないけど、僕と同じように過ごせば、同じ結果が出せると思っています。僕は、スマホのゲームは絶対にしなかった。ゲームやＳＮＳ、部活を満喫する同級生を見て「楽しそうだな」と思いながら勉強していました。

また、僕を「別格だ」と思う後輩たちの多くは、成績が上がらないのは、高校のせいだと思っているのですが、それも違います。

よい場所を得るためには、自分で変えていくしかないのです。

大牟田中学に入学した当初、僕は「生意気でうるさい問題児」でした。勉強がつまらないと文句ばかり。そんな僕に、東進の先生がたは、東大という高い目標を見せながら勉強へと導いてくれるだけでなく、ＴＥＤ（アメリカの企業が配信している講演やプレゼンの映像）を見せてくれたり、大学での研究の話をしてくれたり。外の世界はもっと広いんだと、常に触発してくれました。東進に通っていなかったら、東大もハーバード大学も受けていないと思います。

そのおかげで僕は「全国レベルで優秀な成績をとる生徒」へと変わっていきました。

だからといって、予備校だけで十分なんて思っていません。毎日通う高校も、僕にとっては大切な場所。自分の存在を認めてもらい、居心地のよい場所にする必要がありました。

高１の三者面談で「東大の理三を受けたい」と話したとき、担任の先生は、「またまた冗談を」と本気にはしていませんでした。しかし、模試で結果を出すことで、東大理三を目指すに値する生徒だと認めてもらいました。努力している僕を理解してくれていたからこそ、内職に許可を出し、それにもかかわらず分からないところを質問しに行くと、丁寧に教えてくれたのだと思います。

また、同級生に対しても「面倒臭いから勉強したくない」と言っている子にはやり方をアドバイスしたり、分からないところを聞かれれば喜んで教えていました。先生が用事で自習になったときは、教壇に立ち、英語の解説をしたこともあります。自分の勉強だけにのめり込み孤立することは避けたかったので、「一人だけ変わった勉強をしているけど、話すとおもしろい人」と思ってもらえるよう取り組んでいました。勉強することに対して前向きなイメージを伝えることで、勉強を頑張ろうという雰囲気がクラスに生まれたようにも感じています。

自分で居心地のよい環境をつくっていったからこそ、自分のやるべき勉強に集中することができたのです。今いる環境に対し文句ばかり言っていても何も変わりません。きっとそれは、自分の環境をぼんやりと捉え、何が問題かを明確にしていないからです。勉強がしづらいと感じているのであれば、何が原因か、それを変えるためには何をすべきかを考え、一つずつ問題をクリアにしていくことが大切なんです。

東大に入学して3年が経ちましたが、本当にいい環境だなと感じています。勉強に対する価値が高く、学習意欲を持っている人ばかりで、自分と同じ感覚の人が多く、気軽に学術的な話ができます。

今でも「ハーバード」と聞くと、少し苦い思いがこみ上げます。ただ、後悔はありません。それ以上に東大でよかったという思いがあるからです。この先、縁があればいきたいなとは思うのですが、今は、彼女が「海外に行ってほしくない」と言っているので、あまりいきたくないモードになっています。恋愛は、僕の中で大切な要素なので。

夏頃から、VRを使った映像制作の事業を始めました。ビジネスで成功し、1億円稼いだ医学部の友人が、投資をしてくれたんです。納期を遅らせることはできないので、試験前でも3日連続徹夜で動画編集をやることもあります。手作業がたくさんあるため、腱《けん》鞘《しょう》炎《えん》になりそうです。これも将来のための活動の一つになります。

受験を通して実感したことは、何か問題があれば、その原因を探り、目標に照らし合わせながら一つ一つ解決していくことが、僕は得意であるということ。受験勉強のときは、その能力がうまく花開いてくれた。

将来を考えたとき、医師になり、目の前の患者さんを助けることよりも、目的意識を持

って社会問題を解決する方が合っているのではないかと感じています。そのため、将来は医療系の起業を目指そうと思っています。まずは、医療現場を知らないと始まらない。医師免許をとり、現場を学び、そのなかでほかの人が自覚していないニーズを見出していきたいです。

私の東大合格勉強法
小田原光一

使用した問題集・参考書

【国語】
三羽邦美『一目でわかる漢文ハンドブック』ナガセ
富井健二『古文単語FORMULA600』ナガセ

【数学】
三ツ矢和弘『ハイレベル理系数学』河合出版
西山清二『医学部攻略の数学Ⅲ』河合出版

【英語】
植田一三『発信型英語スーパーレベルリーディング』ベレ出版
植田一三『発信型英語スーパーレベルライティング』ベレ出版
『The Official Guide to the TOEFL Test with DVD-ROM, Fourth Edition』McGraw-Hill Education
『英検１級過去６回全問題集』旺文社
小森清久『医学部攻略の英語』河合出版

【物理】
杉山忠男『理論物理への道標上・下』河合出版
『オリンピック問題で学ぶ世界水準の物理入門』丸善

【化学】
卜部吉庸『理系大学受験　化学の新研究』三省堂
石川正明『新理系の化学問題100選』駿台文庫

【世界史】
斎藤整『ヨコから見る世界史』学研プラス
斎藤整『大学受験らくらくブック世界史　新マンガゼミナール』シリーズ　学研プラス

【地理】
山岡信幸『地理Ｂ 一問一答完全版』ナガセ
伊藤彰芳ほか『納得できる地理論述』河合出版

【倫理・政経】
清水雅博『センター倫理，政経一問一答 完全版』ナガセ
『倫理用語集　ちゃーと＆わーど』駿台文庫

幅広く学んだ受験

小６の終わりから高３まで６年間、東進衛星予備校に通う。高校では、予備校が休みの日以外はほぼ毎日通った。東進の映像授業では、先取り学習ができるので、その分、ハーバード大対策として、英検１級やTOEFL、世界史や倫理、政治・経済など文理問わず興味ある科目も独学で学ぶことができた。

⬆社会やクイズの問題集が並ぶ自宅の本棚。

知識を書いたスケジュール帳

高２の11月から書き始めたスケジュール帳。毎日学んだ内容を復習するために書き込んでいった。このノートは勉強前に開き、見直すことがルーティンになり、また、書いた知識が増えることが達成感となり、さらなるやる気につながった。

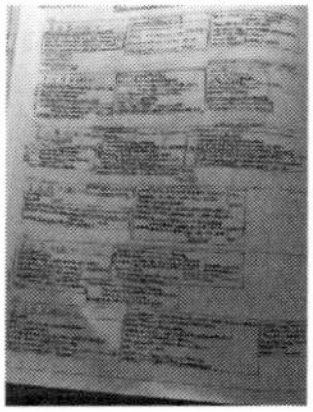

⬆メルカリに出品したら、１万円以上で売れた。

全力を出せる場所にいきたい
東大への思いだけがやる気をつないだ

教養学部
理科一類1年
小山賞馨

小山賞馨（こやまたかよし）

2001年、山口県生まれ。父と母、６歳下の弟の４人家族。公立小学校卒業後、県内の私立中高一貫校（偏差値51）に奨学生として入学。中学では、野球部と生徒会に、高校（偏差値42〜62）では、ボランティア部部長、生徒会長として活躍。高２のとき、「数学オリンピック」で山口県から唯一本選に出場した。2019年、工学部に推薦で現役合格。母校からは６年ぶり３人目の東大合格者となった。

受験科目

推薦入試　書類審査、小論文、面接試験

センター試験　国語、数学ⅠＡ・数学ⅡＢ、英語、物理、化学、地理Ｂ

試験の得点

センター試験　**８１１点**

おもしろい人がいる。僕が環境を選ぶ際に大切にしていることです。「おもしろい人」とは、自分にないものを持っている、話を聞いて勉強になる、優秀で魅力的な人というイメージです。そういう人がいる場所にいきたいという漠然とした思いは、小学生の頃からずっとありました。高校生になり、東大にいきたいと思った理由の一つにもなっています。

僕が、地元の私立中高一貫校を受験したのは、両親から「おもしろい人がいっぱいいるから」と強く勧められたことがきっかけでした。中学受験といっても、個別塾で過去問を一通り解くくらい。入試前日はゲームをやっていました。それでも、5位以内の成績で合格。奨学金がもらえることになりました。

中学では野球部に入部、引退前の市大会では3位までいきました。成績は、入学した最初の定期テストで6位。まあまあの成績だったのですが、両親が定期テストの度に「5位以内だったら携帯を買ってあげる」など、うまく僕のやる気を引き出してくれました。中1の夏休みは、そのご褒美の携帯が嬉しくて遊びすぎてしまい、夏休み明けのテストで23位まで落ちるということもありました(笑)。それでも、ご褒美効果と負けず嫌いな性格があいまって、中学のときは、定期テストの度にどんなやり方が効果的か試行錯誤し、その積み重ねのなかで効率のよい勉強法を見出していきました。暗記項目は、ひたすら書くより、読んで覚えた方がはやい。まとめノートをつくるなら、授業ノートを見直す方が無駄がない。英文を丸暗記しなくても重要な構文や文法を理解すれば問題は十分解ける。それらを実践することで、成績は徐々に上がり、中3になると2位まで成績を上げました。

天才に勝つために天才になろう

そこから先が難しかった。ずっと1位をとり続ける友人に勝てなかったのです。本当に悔しかった。その子は、放課後は僕やクラスメイトと一緒に遊んでいるのに、定期テストでは40点の差がつくこともある。圧倒的な差に、彼は天才なんだと思っていました。この天才にどうしたら勝てるのか。単に勉強時間を増やしても無理。そもそも僕は努力が苦手だし、1日6時間も勉強するなんて絶対に嫌。それに、これまで勉強のやり方を試行錯誤するなかで、睡眠時間を削って勉強することは単に作業効率を下げてしまうだけだと感じていました。天才に勝つ方法は何か。中3の秋のある授業中、僕は突然思ったのです。

「天才になろう」

彼に勝つためには、僕も天才になるしかない。その方が手っ取り早いと悟ったのです。

では、どうやったら天才になれるのか。

そのときイメージしていたのは、天才=変わった人。人と違うということが大切だと思ったのです。それまでの僕は、すごく普通の感性で生きていましたし、まわりの人と同じでなくてはいけないという思いもありました。しかし、普通の人が普通の見方をしていても何も変わらない。天才になるために、今まで素直に受け入れていたことを一度疑ってみる。また周囲に迎合する必要はないと感じるようになったのです。そのことで学び方も変わっていきました。例えば、テスト勉強を試行錯誤するなか、数学の公式や定義を学ぶには、教えられたまま覚えるよりも、公式の意味を考え、自分の力で再構築できるようにする方がいいのではないかと感じるようになっていました。しかし、そんな学び方はほかの人とは違う気もしたし、自信が持てなかった。それが、天才になると決めたことで、自分がいいと思ったやり方に思いっきり振り切れるようになっていきました。

それをきっかけに成績は急上昇、ついに彼に勝つことができたのです。その後も1位をとったり、とられたりしていたのですが、勝負は中3で終了。彼は、卒業後、福岡県最難関の私立高校にいってしまったのです。

高校へ進学するにあたり、僕もその福岡県の私立高校にいきたいという思いがありました。ライバルがいくということもありましたが、もっと「おもしろい人」がいるところで、切磋琢磨し、刺激を受けながら勉強してみたかったのです。

しかし、両親からは反対されました。県外に行かせたくないということもあったと思いますが、それ以上に僕の実力を認めていませんでした。そのときの僕には、それを覆すための材料がなかった。山口県内の模試しか受けていなかったので、自分自身でも全国レベルでみた客観的な学力というものが分からずにいたのです。

だったら、県立でトップ3に入る高校を受験しようと思っていました。そんなとき、先生から「難関大を目指す生徒のために、付属高校に少人数の選抜クラスをつくり、トップレベルの子に合わせた授業をする」と言われたのです。両親は県立高校を強く勧めましたが、福岡県の私立高校を受けさせてくれないことに対する反発心もあり、また、「絶対に難関大学に合格させる」という先生がたにかけてみようという思いになりました。

しかし、高校に入学して僕の期待は裏切られました。

蓋《ふた》をあけてみると、クラスの人数は聞いていたよりも多く、授業も想像していた内容と大きく異なりました。教科書の内容をなぞるだけの授業に意味はないと感じました。

「話が違う！」

そう先生に抗議をすると、選抜クラスを新設するためにはいろんな問題があり、この形しかなかったとのことでした。

高校選択を間違えたのではないか…。激しく後悔しました。納得がいかず文句を言い続ける僕に、授業中は内職を黙認するということになり、一応の妥協点を見つけました。僕の授業態度は酷《ひど》いものだったと思います。授業の半分は寝て、起きたと思えば、おもむろに自習を始めたり、歩き回ったり。数学の先生と延々と議論をしていることもありました。それでも高校は、そんな僕を受け入れてくれました。教えを請えば丁寧に解説をしてくれ、放課後に講義をしてくれる数学の先生もいて、優しい高校でした。ほかの高校だったらそうはいかないはず。絶望するほどのことはないんだと感じるようになっていきました。

東大にいけば「おもしろい人」がいる

進学当初は、高校に裏切られたという思いを持ちながらも、勉強へのモチベーションはとても高かった。毎日2時間、休日は5~6時間、集中して勉強をしていました。東大にいきたいという思いが芽生えていたからです。

初めて東大を知ったのは、小4の頃。通っていた個別指導塾の先生に「東大とか目指してみたら」と言われたことがあったのです。そのときは「いけるわけないやん」と思っていたのですが、高校生になり初めての模試で、志望校の欄に「東京大学」と書いてみると、余裕のA判定。僕も驚いたのですが、それ以上に驚いたのは両親でした。僕の成績がここまでいいと思っていなかったのです。

この頃から両親は「国立大学の医学部にいき、医者になれ」と言うようになりました。父は高卒で、自営業。父のなかで、尊敬できる職業である医師に対する憧れがあったのかもしれません。当時は特にやりたいこともなかったので、医学部を目指すのも悪くないと思っていました。ただ、地元の国立大学の医学部もA判定だったので、それならトップを目指したいと、東大理三を目指すことにしました。ここから頑張れば合格できる可能性があるのではと思っていたんです。

そんなわけでハードに勉強をやっていたのですが、夏休みになる頃にはガス欠。一気にやる気が失《う》せてしまい、高2の夏頃まではあまり勉強をしなくなりました。平均して1日1時間ほど。学校の宿題や定期テストの勉強、高1の秋から始めたBenesse鉄緑会個別指導センターの課題や趣味として数学を解くくらい。

それでも成績は、常に学年トップ。ライバルが外の高校にいったので、繰り上がりです。でも、その地位を必死で守ったという感じはありません。2位の人に聞くと、40点差、下手したら60点くらい差がひらいているときもあり、最悪1教科勉強せずにテストに臨んでも勝てるんだと思ったら、頑張る意義を見失ってしまいました。

その分、学校生活を満喫しました。

高1で生徒会副会長、高2で生徒会長となり、改革を断行。生徒会、委員会活動の仕事を整理し、必要のない委員会をなくしたり併合したり、必要な委員会を新たに設置するなどしました。推薦入試の内申点のためだけに委員会に所属し、仕事をしない人もいたので、さすがにそれはよくないと思ったのです。また、学校行事は先頭に立ち、企画・運営をし、文化祭では女装もしました。本当は行事というものがそんなに好きではなかったんですけどね。また、ボランティア部の部長として、畑で野菜を育てたり、町のゴミを拾ったりという活動もしていましたし、長期休みを利用して、オーストラリアへ交換留学にも行っています。友人たちには恵まれ、彼女もいたので、楽しく過ごしていたと思います。ただ、高2の秋に彼女に振られてしまい、そのあとは割と悲しい生活を送ったのですが(笑)。

高校生活を満喫しながらも、いつもどこか寂しさのようなものがありました。

休み時間に数学の問題を解いていたりすると、友達から引かれることがよくありました。問題を解くことが楽しくてやっているだけだったのですが、変人だと思われてしまう。それは天才になろうとし、成績を上げるための代償だったのかなという気もします。

⬆オーストラリア研修に参加して生きた英語を学んだ。

ただ、僕には東大を共に目指すライバルや同志のような存在がいなかった。全力を出す必要がなかったから、やる気なんて出なかった。切磋琢磨し知的好奇心を満たし合う友人がほしい、全力を出せる場所にいきたいという思いを常に抱えていました。僕の萎《な》えそうな勉強への気持ちをなんとかつなぎとめていたのは、東大にいきたいという思いでした。

自分にとってすごい人、「おもしろい人」の象徴、それが東大生でした。

そのことを実感した出来事がありました。高2の夏、駿台予備校から「成績優秀な方へのご案内です」という手紙が届きました。東大志望の高校生が箱根に集まり、講義を受け、現役東大生と交流ができる合宿「箱根セミナー　東大コース」の案内状でした。1週間で10万円以上はしたと思いますが、行かせてもらうことにしました。ここで初めて、東大生と東大を目指す高校生に会いました。東大生から聞く大学生活はとても楽しそうだったし、東大を目指す高校生は

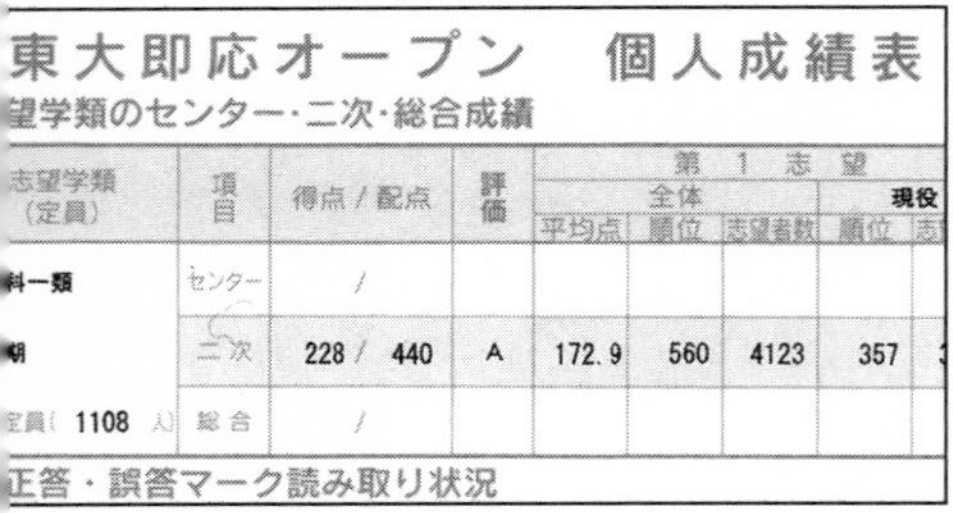

東大即応オープン　個人成績表

望学類のセンター・二次・総合成績

志望学類（定員）	項目	得点／配点	評価	第1志望 全体 平均点	順位	志望者数	現役 順位
科一類	センター	／					
期	二次	228／440	A	172.9	560	4123	357
定員（1108人）	総合	／					

正答・誤答マーク読み取り状況

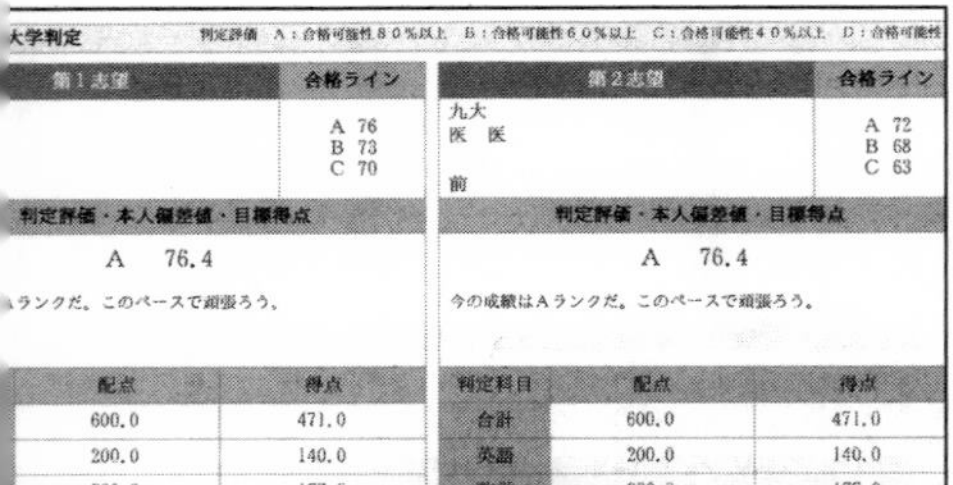

大学判定　判定評価　A：合格可能性80％以上　B：合格可能性60％以上　C：合格可能性40％以上　D：合格可能性

第1志望	合格ライン
	A 76 B 73 C 70

判定評価・本人偏差値・目標得点

A　76.4

Aランクだ。このペースで頑張ろう。

配点	得点
600.0	471.0
200.0	140.0
200.0	177.0
200.0	154.0

第2志望	合格ライン
九大 医　医 前	A 72 B 68 C 63

判定評価・本人偏差値・目標得点

A　76.4

今の成績はAランクだ。このペースで頑張ろう。

判定科目	配点	得点
合計	600.0	471.0
英語	200.0	140.0
数学	200.0	177.0
国語	200.0	154.0

⬆上は高3の11月「東大即応オープン」（河合塾）の結果。評価はA判定。下は高1の6月「高1駿台全国模試」の結果。旧帝大の医学部にA判定が出ていた。

すごく勉強していると気づかされました。彼らは知的好奇心が強く、教養も豊か。僕が出会いたいと願っていた「おもしろい人」たちがここにいる。たくさんの刺激をもらうことで、東大を本気で目指そうと思ったのです。

ただ、理三を目指すのかというと「違うよな」と思いました。

医学部を目指す人は、何かしらの志を抱いている人が多いと思いますが、僕にはそれがなかった。こんな人間が医師になるべきではないと思ったのです。

高1の頃に、仮想オンラインロールプレイングゲームを舞台としたライトノベル『ソードアート・オンライン』（川原礫《れき》）を読むことで、ブレインマシンインターフェイスの研究に興味を持ち始めていました。感覚を通さず機械から脳に直接働きかけ、仮想の五感情報を与え、仮想空間を構築するという技術で、念じるだけでアームロボットを動かすこともできるようになります。それであれば、工学部で研究ができる。

それに当時は、模試では、理三はよくてC判定。だったら、ギリギリのところを努力して目指すのではなく、確実な理一を目指そうと決めました。できるだけ受験勉強は楽をしたいなという思いもあったのです。

試行錯誤で効率のよい勉強法を確立

高1の夏休みにやる気を失い、それからの1年間は、勉強は1日1時間ほどという日々。高2の秋から東大を本気で目指すとなっても、勉強時間は1〜2時間増えた程度。直前期でも1日4時間ほどでした。これにプラスして、授業中の内職が2〜3時間くらいでしょうか。また、僕の脳は体力がないので、集中するとすぐに眠くなる。夜もしっかり8時間以上寝ないとダメでした。

勉強時間は短いし、睡眠もたっぷりとっていましたが、不安はありませんでしたし、負ける気もしませんでした。それは質を重視した勉強ができていたから。テスト前に寝ないで勉強したとか英文を丸暗記したという人がよくいます。それは確かに、努力ではあるけれど、朝まで起きていても30分しか集中できないなら意味がないし、英文をどれだけ丸暗記しても、得点につながらなければ報われない。努力したことだけに満足してはいけない、勉強においては無駄な努力というものがあると思っていました。だからこそ僕は、量よりも質をどう高めるかを考えていました。僕の場合は、中学時代に勉強法を試行錯誤した経験のおかげで、自分にとって効率のよい勉強法を確立することができていました。

それは、重要な部分を抽出して勉強をすること、そして、知識を応用した勉強をするということです。暗記が必要不可欠な場合は、一から全部覚えるのではなく、最初に自分でテストをつくり、間違えたものだけを見直すことにしていました。テストは、その分野の重要なことが抽出できないとつくれないし、また、テストを解いているときに脳が一番働く。重要な部分をしっかり捉え、集中した状態で効率よく学べるのです。

また、数学の問題集は、（1）から順番に解くことはせず、最後の問題しか解かなかったし、化学や物理の問題集は、比較的難しい問題から始めていました。簡単な問題は解いても楽しくないし、同じ考え方で解くものを、わざわざやる必要はないと思ったからです。

これは、知識を応用することが得意だったからできたのだと思います。中3のときに「天才になろう」とものの見方を変えたことが大きかった。一つの知識を学ぶ際に、本当かなと疑問を持つことで多角的な視点が生まれ、応用しながら学ぶ癖がついていたのです。

例えば、算数で「99×6を工夫して計算しよう」という問題が出た場合、「(100－1)×6」と考えます。それで終わるのではなく、「101×6」の場合は、「(100＋1)×6」と解けないかと考えていく。そうすると、一つの考え方から周辺にある問題にも応用できるようになる。「99×6」と「101×6」の両方の解き方を一つずつ理解し覚えなくても、「99×6」だけ理解すれば、「101×6」も自動的に解けるようになるのです。

一つの知識に対して、一つのことしか学ばない。これが最も効率の悪い勉強法です。知識を学ぶ際は、背景を理解したり、抽象化して理解することが効率化につながるのです。

予期せず突然終わった受験勉強

どんな模試でも、理一の判定は、ほぼA判定。気持ち的にも少し余裕があったので、高3の秋、東大の推薦入試を受けることにしました。東大の推薦入試の面接は楽しいという情報をネットで見つけ、東大の教授と話してみたいと思ったのです。書類審査が通り、12月に面接。楽しみにしていた面接は、とても圧迫感のあるものでした。脚を組んで斜めに座ったり、斜め上だけをみていたりする5人の教授たち。怖かったです。出願書にはブレインマシンインターフェイスの研究をしたいと書いたのですが、専門的なことも聞かれ、知識が足りなかったため「分からない」を繰り返し、なんとか答えたと思っても、首を横に傾《かし》げられる。つらかった記憶しかありません。もう落ちたとしか思えませんでした。

1月のセンター試験は、811点。9割くらいでしたが、めちゃくちゃこけたな…という結果でした。緊張もあったと思うのですが、どうしてこんなに悪かったのか今でも分からない。それでも気を取り直し、二次試験に向け過去問対策を行っていました。

2月中旬、推薦の合格発表の日。僕は自宅の2階にある自室で化学の過去問を解いていました。12時頃、1階の電話が鳴りました。問題を解いている最中だったし、面倒くさくもあり、無視をしました。そのまま問題を解いていたのですが、「もしかして」と思い立ち、Webの合格発表を開きました。すると、そこに僕の受験番号があったのです。

絶対に受からないと思っていたので、ただただ驚きしかありません。受験番号は、パソコンの画面のすごく端っこにあるし、何かの間違いだとしか思えなかった。合格を信じることができず、僕はそのまま布団に潜り込み、寝ることにしました。信じられない気持ちが大き過ぎたため、現実と向き合うことをやめ、そこから2日間くらい家にこもり、寝てばかりいました。しかし2日後、学校の先生から「どうだった？」と連絡があり、僕はしぶしぶ「受かったと思います」と答えました。

その次の日、正式に合格通知が届きました。もちろん嬉しかったし、受験に対し不安もあったので、そこから解放される喜びはありました。でも、予期せず受験が終わってしまったことに対し「もう受けられないんだな」という寂しさのようなものもありました。東大の入試を受けるからこそ、勉強へのモチベーションを保ってきたところがあったし、東大の二次試験を受けたかったという思いもあり、突然訪れた自由に虚しさが残りました。

高校の先生がたは僕を応援してくれたし、推薦入試の書類を揃えてくれるなど、いろいろとお世話になりました。ただ、勉強法などに関しては、具体的で実用的なアドバイスをもら

⬆卒業式で送辞を担当。友人には精神的に支えられ、また、彼らに勉強やそのやり方を教えるのは楽しかった。

えない科目もありました。高校時代は、福岡の有名進学校にいっていたらどうなっていたかなと妄想することもありました。

でも自分の選択に後悔はありません。どんな状況であれ、誰のせいにもできないと思っていました。自分のミスは自分に返ってくる。学校のせいにはできない。高校に対して内職を認めてもらい、自分で勉強すると言ったからには、やるしかない。だから、結果に対して責任があると思ってやってきました。

東大に入学してみて、思っていた通りの部分もあれば、そうではない部分もあります。想定外だったところは、必修がめちゃくちゃ多くて、あまり自由がないこと。単位をとるために結局テストを受けなくてはならず、そこからはまだ解放されないんだと思いました。思っていた通りという部分は、やはり「おもしろい人」が多いということ。想像していたよりは少なかったですが、それでも、起業している人やプログラミングでＷｅｂサイトをつくっている先輩など、すごいなと感じる人との出会いがあります。また、投資や起業に関して学べる自主ゼミなどもあり、地元では経験できなかったことを満喫しています。

非進学校から東大を目指すならば、実際に東大生と触れ合う機会を見つけてください。

僕は、高1から鉄緑会のＷｅｂ講義を受講していたので、週1で東大生の講師と話す機会があり、そのたびにやる気をリセットし、モチベーションを保つことができました。また、高2の夏からは、親に無理をいって、東京まで東大模試を受けに行っていました。地元では感じられない雰囲気や志望校への距離を感じられて、とてもよかったです。

そして、努力することに酔うのではなく、そのやり方が自分にとって、また東大合格に向けて正しいのかを考えてください。受験において「努力は報われる」のではありません。「正しい努力が報われる」のです。東大合格に無駄な努力は必要ありません。

私の東大合格勉強法
小山賞馨

化学のバイブル

『理系大学受験　化学の新研究』（三省堂）は、僕にとって化学のバイブル的参考書。授業の進度に合わせていると、教科書の内容が高３の秋までかかりそうだった。そこで、先取りをするため高３の夏休みに使用。分からない用語は索引で引いて解説を読むことで知識をしっかり身につけることができた。また、『理系大学受験　化学の新演習』（三省堂）の問題はすべて解くのではなく、ちょうどよい難易度とされる星２の問題だけをやっていった。高３の夏休みの勉強時間は、２時間ほど。大半がこの参考書を使っての化学勉強だったが、夏休みの間に化学をほぼ仕上げることができた。

使用した問題集・参考書

【物理】
山本義隆『新・物理入門』駿台文庫

【化学】
卜部吉庸『理系大学受験　化学の新研究』三省堂
卜部吉庸『理系大学受験　化学の新演習』三省堂
『実戦化学重要問題集　化学基礎・化学』数研出版

【地理】
『データブック　オブ・ザ・ワールド2017　世界各国要覧と最新統計』二宮書店

個別指導でやる気をリセット

東大を目指すと決めてからは、Benesse鉄緑会個別指導センターに入会。高１の秋から数学、高３の１月から物理・化学の個別指導をWebで受けた。まわりに東大生や東大志望がいなかったため、週１で東大生の講師と話すことでやる気をリセットした。また、代々木ゼミナールには、月に１回も行かないくらいの頻度だったが、少しだけ通った。

統計資料で地理対策

『データブック　オブ・ザ・ワールド　2017 世界各国要覧と最新統計』（二宮書店）は、すごく好きな一冊。世界のすべての独立国の自然・人口・産業・政治・経済・文化など、あらゆる分野の情報に関する統計が掲載されている。地理はあまり勉強をしておらず、教科書を読むのも面倒に感じたので、センター試験２週間前から、ベッドに寝転びながら２回ほど読むことで、様々なランキングの３位までを頭に入れた。センター試験の過去問で地理は７割ほどだったのが、これを読むことで、センター試験本番では８割以上をとることができた。

「好きなことを突き詰めたい」強い思いが東大合格につながった

教養学部
文科三類1年
髙山知世

高山知世（たかやまちせ）

2000年、宮城県生まれ。父、母の３人家族。父の仕事のため、幼少期は引っ越しを繰り返す。小１の９月に神奈川県にある私立聖ヨゼフ学園小学校に転入学。卒業後、私立聖ヨゼフ学園中学校（偏差値35）、高等学校（偏差値53）に進学する。中１から高３まで、家庭科部に所属。また、幼稚園から高３までバイオリン、中１から高３まで茶道を習う。2019年、文科三類に現役合格。将来は研究者の道を考えている。

受験科目

センター試験　国語、数学ⅠＡ・数学ⅡＢ、英語、
物理基礎、生物基礎、世界史Ｂ、地理Ｂ

二次試験　国語、数学、英語、世界史・地理

試験の得点

センター試験　**７９７点**　二次試験　**２４９点**

東大に現役合格できたことは、今でも不思議で仕方ありません。

「年が明けてからの執念がすごかった。東大でなくてはならないという思いの強さが、これまで東大を目指した生徒との差になったのかもしれない」

母校から16年ぶり、２人目の東大合格を果たしたときに先生に言われました。私がやりたいことは東大でしか満たされないという思いが奇跡を起こしたのかもしれません。


国家公務員である父の転勤で、幼少期は宮城県、福島県、静岡県を転々とし、小1の7月に神奈川県に引っ越しました。家がキリスト教を信仰していたこともあり、私立聖ヨゼフ学園小学校に転入学。父の転勤は続いたのですが、引っ込み思案で環境に慣れるのに時間がかかる私には負担だろうと、母と私はそのまま神奈川県で暮らすことになりました。

小学生の頃は、勉強で苦労をしたことはないのですが、まわりから「頭がいい」と思われるタイプではなく、地味で目立たない子でした。授業中は、「間違えたらどうしよう」と手があげられない。人の目が気になる一方で、自分が理解していることは知ってほしくて、隣の子に答えをさりげなく教えてみたりもする。今思うと恥ずかしくなるのですが、自意識過剰なところがありました。また、集団のなかに入ると、自分はどうふるまうべきかを考えてしまうため、人といることに息苦しさを感じてしまう。それよりも、ひとりで本を読んだり、絵を描いたりする方が好きでした。

人間関係において、私がいなくてはならない理由はないと思っていました。でも、本に対してだけは自分の存在意義を感じることができた。私が読むことで本の世界は認識され、存在が成り立っている。また本は、私がどれだけ好きになっても鬱陶《うっとう》しいと思わないし、逆に私が飽きても文句を言わない。とても楽だと感じたのです。


その思いが顕著になったのは、聖ヨゼフ学園中学校に進学した年でした。中1の秋、いつも一緒にいた友人と距離ができたのです。喧嘩をしたわけではなく、その子にほかの友人ができたことであまりかまってもらえなくなっただけだったのですが、楽しそうにほかの子と話す友人を見ると、すごくショックで。大げさですが、絶望の淵《ふち》に突き落とされたような気持ちでした。ここから私は、二次元の世界に現実逃避をするようになりました。

逃避先は、1985年に「週刊少年ジャンプ」で連載がスタートした『聖闘士星矢《セイントセイヤ》』(車田正美)。ギリシャ神話や星座をモチーフに、女神アテナにつかえる戦士「聖闘士」たちが、敵対する勢力と闘う様子を描いた物語です。初めて読んだのは6歳のとき。母の蔵書にあった漫画でしたが、そこに登場する、物静かで気品ある「牡羊座のムウ」、冷静沈着で最も神に近い男と呼ばれる「乙女座のシャカ」に魅了されました。私の場合は、漫画を読むだけではなく、二次創作のサイトをめぐったり、絵を描いたり、自分のなかにキャラクター像をつくり上げていく「解釈」に夢中になりました。誰にどう思われても、独りぼっちになっても、この世界さえあれば生きていける。そう思える場所を得ることで、現実のつらさを耐えたのです。

その一方で、好きな世界を誰かと共有したいという思いが生まれてきました。人に話しかけることが苦手な自分が、好きなこと、それも1980年代の漫画という独特なものを勧めるのはことさら勇気がいりました。でも、共有したい思いがあふれ、同級生のなかから口がかたく、少年漫画が好きそうな人を選び、決死の思いで声をかけました。

こうして私に好きな世界を共有できる友人ができたのです。自分から声をかけ友だちができるというのは、初めての経験。好きな世界をきっかけに、現実で今までにない挑戦をすることができた。このことで、自分の行動を制限していた「人の目」があまり気にならなくなり、授業中や何かを決める場所で発言をしたり、学園祭の企画係になるなど、積極的になっていきました。

成績は安定してトップクラスを維持。学校の宿題をしっかりやり、小テストや定期テスト前は、満点をとるつもりで勉強する。「ムウやシャカは賢いから、彼らを深く理解し、表現するためには、自分が賢くなくてはいけない」ということがモチベーションでした。

『聖闘士星矢』にどっぷりはまることで、少しずつですが「地味な人」から「成績がよく、何かの代表をする人」という立場に変わっていきました。勇気を出し、一歩踏み出した現実世界は、案外優しかった。このことでようやく学校は、私がいてもいいんだと思える、息のしやすいストレスフリーな場所になったのです。高校進学にあたり、ほかの高校へいく人もいましたが、私は居心地のよい環境を離れようなんて考えもしませんでした。そのまま、聖ヨゼフ学園高等学校へと進学しました。

ネタ集めのために東大を第一志望に

高校では、私の学年は50名ほど。8割が4年制大学に進学、私立文系志望が多く、推薦入試、AO入試で決める子が半数近く。一般受験で国公立大学を目指すのは数名という環境でした。高校に進学するとすぐに「高校生は、大学受験生だという自覚を持つように」と話す先生もいました。当時は、そう言われても大学受験自体に現実味がなく、早慶上智、MARCHなど、大学の難易度の序列もよく分かっていませんでした。

私にとって大学は、興味のあることを勉強しにいく場所でした。就職は一切関係なく、やりたい学問を極める。それは、祖父が流体力学の学者であること、父も母も学びたいことがあって大学へ進学していることが影響していたと思います。

好きなことを突き詰める人生ということでは、憧れの方がいます。古代ギリシャ・ギリシャ神話の研究家である藤村シシンさんです。彼女は、高3のときに『聖闘士星矢』と出合い、ギリシャ神話に人生を捧げることを決意したかたです。小学生の頃から藤村さんのブログなどをよく見ており、好きなことに一途に邁進《まいしん》する姿を尊敬していました。

私も好きなことを突き詰める人生にしたい。そのために大学では、東洋哲学、特にインド哲学を学びたい、さらにチベット学もやってみたいという思いがありました。

そもそも哲学に興味を持ったのは、小4のとき。池田晶子《あきこ》の『帰ってきたソクラテス』がおもしろかったことがきっかけでした。その後、中学生になり、『聖闘士星矢』の二次創作のサイトをめぐるなかで、自分好みで深いと感心させられる作品は、歴史や文化的背景などを調べ上げ、話に織り込んだものでした。キャラクターの設定上、ムウの出身地はチベット、シャカの出身地はインド。哲学に興味があり、そこに興味のあるインドやチベットという地域を合体させることで、東洋哲学を学びたいと思うようになったのです。とはいえ、東洋哲学はマイナーな分野。扱っている大学があまりないのが現状でした。

そんなことを思っていた高1の夏。進研模試で英国数の全国偏差値81をとったのです。こんなにいい成績は、これが最初で最後。秋の面談の際に、進路指導の先生から「東大を視野の端に入れていいかもしれない」と言われました。大学の序列に疎い私でも、東大だけは雲の上の存在。別世界。私なんかが目指してもいいのかと思っていると、母が、「こんなのがあるよ」と東大文学部インド哲学仏教哲学研究室のホームページを見せてくれました。そこを見ると、東大では、インド哲学だけでなく、チベットについても学べると書いてある。ここにいけば、ムウやシャカのより深い考察、表現に役立てることができる！　これはもう東大にいくしかないのでは？　と思ってしまったのです。オタクの性《さが》でしょうか、ネタ集めのために、私は東大文三を第一志望としたのです。

　高2の4月。担任の先生に初めて東大志望であることを表明しました。身の程知らずだと思われるのではないかと不安に思っていたのですが、先生は「何も問題ないでしょ？　頑張ろうね」とだけ言ってくれました。なんだか呆気《あっけ》にとられながらも嬉しかった。東大を受験したいと思うことは特殊なことではない、当たり前のことだと思わせてくれたこと

⬆中1から高3まで家庭科部に所属。一学年上の先輩がいなかったので、高1から部長を務めた。

がありがたかったです。

それでも私は、受験勉強に関してまだまだお客さん気分でした。相変わらず、宿題をやり、テスト前に試験範囲をしっかり勉強するくらい。定期テストではトップの成績でしたが、模試では、東大は、D判定かE判定。「やばいな」と思うのですが、実際に東大に合格するために何かしなくては、とか、日本中に競争相手がいる、というところまで考えが及びませんでした。

当時は、中学から所属していた家庭科部の部長の仕事、各部活動の部長が集う部長会の会長としての仕事、クラスから選出された風紀委員での副委員長としての仕事などで、めまぐるしい日々を送っていました。

各教科の先生とマンツーマン授業

現実を突きつけられたのは、高2の3月。駿台予備校で、その年の東大の入試問題を解くイベントに参加。惨憺《さんたん》たる結果でした。なかでも数学は80点満点中4点。ここにきてようやく、東大に入るためにはどうしたらいいのかを考えざるを得なくなったのです。

春休み、予備校を選ぶために、河合塾と駿台予備校の春期講習を受けました。東大文系コースの講義を受講したのですが、問題が難しすぎて予習もできないし、予習ができてないから解説は全く頭に入ってこない。焦燥感と不安が押し寄せてきました。なんとかしなくてはいけないのに、何をしたらいいのか全く分からない。

高3の4月、私は恥をしのんで、高校の先生に泣きつきました。

「受験勉強は何をしたらいいんですか?」

先生は私を落ち着かせ、優しく言ってくれました。

「人生で初めての大学受験なのだから、何も分からなくて当然。教師はそのノウハウを持っているのだから、聞いてくれればできる限り助言をする。学校と先生を活用しなさい」

そこから、東大に向けた各教科の先生によるマンツーマン指導が始まりました。得意な現代文はすぐに東大の過去問対策に入り、授業のない地理は、週1、2回、2時間弱の放課後の補習。センター試験で必要な物理基礎は、授業をとっていたのが私一人だったので、おのずとマンツーマン授業となり、生物基礎は、センター試験の過去問のコピーを山のようにいただきました。

数学だけは、学校の補習のみでは足りないだろうと、予備校へ行くことを勧められていたので、面倒見がよいと感じた四谷学院で「55段階個別指導」を受けることにしました。いつまでにどれだけできていればいいかという見通しを立てることが目的でした。55段階個別指導では、数Ⅰの多項式からやっていくのですが、できて当然となめていると意外と解けない問題があり、基礎から順に力を積み上げていくことができました。

私は、中学生のときから、テスト前にはしっかり勉強をしてきました。しかし、それは試験範囲のみ。それでもトップクラスの成績がとれてしまうところが「非進学校」なのかもしれません。そのおかげで、わずかばかりですが自信を持てたことはよかったのですが、それでよしとし、復習する習慣をつけてこなかった。このことが受験期になり、模試や過去問で点がとれない理由だと感じました。

今まで学んだことを総ざらいするように、また、それを受験レベルの問題に対応する力まで引き上げるよう、先生から与えられた課題を解き続ける毎日でした。平日は、放課後は18時頃まで、夏休みは、8時から18時まで学校で勉強。家に帰って体力が残っている日は、自宅で1～2時間勉強しました。

東大の判定は、ずっとDやE判定のまま。だからといって東大受験をやめるわけにはいかない。東洋哲学を学べる大学は、都内にはほとんどありません。高い教育水準で学ぶことを考えると、やはり東大しかないのです。

私には、サポートしてくれる先生がたもいましたし、目標に向かい一緒に頑張る友人もいました。友人は医学部を目指しており、まわりの子たちよりも勉強の質を上げ、量をこなさなくてはいけないというところでは同じでした。学校に早く行き、始業前まで勉強をしたり、放課後は残って一緒に勉強をしたりしました。

ここしかないと東大にかける熱量

年が明けたセンター試験2週間前からは、朝7時から夜の19時まで12時間、ひとりで学校に通い詰めました。もう学校に住んでいるような感覚です。センター試験は2日間行われるため、2日間を1セットにし、当日の時間割に合わせて過去問を解き、自己採点をすることを繰り返しました。

結果、センター試験は、797点。思っていたよりもとれず、センターリサーチでは東大の文三はD判定。数学が悪く落ち込んでいたら、「5時間目がフリーだから一緒に勉強しようか」と数学の先生が言ってくださり、二次試験に向けての補習が始まりました。

また、数学だけではなく、地理も出遅れていました。駿台の東大実践模試では、7月も11月も40点中一桁しかとれておらず、それを見かねた地理の先生も、毎日18時から過去問対策を行ってくれました。さらに、世界史や現代文の先生も直前まで、過去問の採点をしてくれました。ここまで先生を頼り切った私が言うことではありませんが、「私の母校はもしや、やりがい搾取《さくしゅ》系ブラックなのでは…」と思わずにはいられませんでした。

2月には、上智大学文学部哲学科と早稲田大学文学部にTEAP《ティープ》（大学入試向けの英語運用能力測定試験）を利用した一般入試で合格。でも、インド哲学とチベットに関する両方が学べる東大にいきたいという思いは強く根底にあり続けました。

直前期は、目の前の問題をひたすら解き続けるだけ。東大合格に向け、適切な量をこなせているのか、努力ができているのか全く分からない。漠然とした焦燥感と不安が消えませんでした。こんなときは「これまでの努力を信じて」という言葉で自分を奮い立たせるのかもしれませんが、その努力をしているのかさえ分からない。過去の自分を信じられずにいました。その上、ここまで先生に面倒を見てもらっているのだから、母校の進学実績のために合格したいという思いもある。精神的に追い詰められていたのか、涙があふれることがよくありました。そんなとき、先生にもらしました。

「私、本当に頑張れていたかなあ、努力できていたかなあ」

「何言っているの、大丈夫、大丈夫。あなたはちゃんとやってきたよ」

私がこの1年やってきたことをすべて見てくれている先生がこう断言してくれた。自分のことは信じられないけど、先生の言葉は信じることができました。

⬆二次試験の後に行われた高校の卒業式では答辞を読んだ。

東大二次試験は、やれるだけのことはやりました。でも、合格しているとは思えないまま迎えた3月10日。合格発表は、自宅でパソコンを開きました。自分の受験番号を見つけた瞬間は、「えっ？」と固まってしまった。信じられなかったのです。言葉が何も出ず、手元の受験票とパソコンの画面を何度も見比べました。

私の合格を先生がたは非常に喜んでくれました。それがとても嬉しかった。重くのしかかっていたものがとれたような気がしました。母校では、何年かに一度、東大を目指す生徒がおり、私より成績がよい生徒もいたそうです。そんななか私が合格できたのは、ここしかないと東大にかける熱量が違っていたのではと先生は分析していました。

先生がたはよくおっしゃっていました。

「馬を水場へ連れて行ってあげることはできるけれど、水を飲むかどうかは馬次第だよ」

東大にいきたい生徒には無理だとは絶対に言わない。それは、先生がたが、自分たちの教育に自信を持っているから。そのことがすごく素敵だなと感じました。

もし、「東大にいきたいけど…」と躊躇《ちゅうちょ》している人がいるのであれば、今すぐ受験勉強を始めてください。私は、高1の秋には東大を目指そうと思いながらも、自分なんかが東

大を目指していいのかという気持ちがぬぐえず、受験勉強を始めることができませんでした。高2のときは、部活や委員会活動が確かに忙しかった。でも、受験勉強をやろうと思えばやれたはず。この1年が本当にもったいなかったと、受験期には後悔しました。身分不相応なのではないかという思いは、受験勉強の遅れを招いてしまいます。

東大には、学びたいことができる、アカデミアを意識した環境があります。私もここで、好きなことを追求する人生をつくっていきたいと思っています。

私の東大合格勉強法
高山知世

使用した問題集・参考書

【国語】
池田修二ほか『Key&Pointみるみる覚える古文単語300＋敬語30』いいずな書店
浜本純逸ほか『読解をたいせつにする　体系古典文法』数研出版
桑原聡『東大の現代文27カ年』教学社
柳田縁『東大の古典27カ年』教学社

【数学】
『クリアー数学演習Ⅰ・Ⅱ・A・B　受験編』数研出版
『シニア数学演習Ⅰ・Ⅱ・A・B　受験編』数研出版
安田亨『数学 2018大学入試良問集 文系』ホクソム

【英語】
荻野治雄『Data Base4500　完成英単語・熟語』桐原書店
瓜生豊ほか『Next Stage 英文法・語法問題－入試英語頻出ポイント218の征服』桐原書店
『ランダム配列実践型問題集　Random Challenge600』いいずな書店

【物理基礎】
『大学入試センター試験対策　チェック＆演習　物理基礎』数研出版

【生物基礎】
『大学入試センター試験対策　チェック＆演習　生物基礎』数研出版
『リードLightノート生物基礎』数研出版

【世界史】
山田泰照『ビジュアル解説テーマ別学習世界史　文化史編』実教出版
渡辺幹雄ほか『テーマ別　東大世界史論述問題集』駿台文庫

【地理】
武井正明ほか『図解・表解　地理の完成』山川出版社
年代雅夫『東大の地理27カ年』教学社
伊藤彰芳『経済と“世界の動き”が見えてくる！東大のクール な地理』青春出版社
『センター試験過去問研究　地理Ｂ』教学社

先生が過去問添削

高３の４月から四谷学院の55段階個別指導を数学で受けた以外は、高校の先生がたに相談しながら受験勉強を進めた。東大の過去問は、各科目の先生が添削してくれた。青本（『大学入試完全対策シリーズ』駿台文庫）と赤本（『難関校過去問シリーズ』教学社）では、解答が違うことがあり、両方合わせても十分な解答でない場合もあるため、先生と一緒に吟味していく作業はとても役に立った。

古文単語はA4・２枚に

古単語は、『Key&Pointみるみる覚える古文単語300＋敬語30』（いいずな書店）を使用したが、持ち歩くのが大変なので、A4（２枚）に古文単語と意味を書き出した。これを常に持ち歩き、隙間時間などでざっと見直した。古文単語１冊分を２枚で確認できるので何度も見直すことができた。

⬆単語は鉛筆、意味は赤ペンで書いた。

授業と教科書を徹底的に理解
予備校にいかずに県1位の成績に

工学部システム
創成学科3年
黒木海仁

黒木海仁（くろきかいと）

1998年、千葉県生まれ。父、母、弟２人の５人家族。小２のとき、父が実家の家業を継ぐことになり、宮崎県に引っ越す。公立小学校卒業後、私立宮崎学園中学校（偏差値47）に入学、その後、宮崎学園高等学校（偏差値45〜55）に進学。中学校ではロボコン部、中３の後半から弓道部に所属。2017年、理科一類に現役合格。学園初の東大合格者となる。東大入学後は、政策立案コンテストを運営する学生団体GEILの運営局長をつとめるなど、様々な活動を行っている。

受験科目

センター試験　国語、数学ⅠＡ・数学ⅡＢ、英語、物理、化学、日本史Ｂ

二次試験　国語、数学、英語、物理・化学

試験の得点

センター試験　**８５９点**　二次試験　**２９０点**

母校である私立宮崎学園中学校・高等学校は、２００９年から中高一貫となり、僕はその３期生になります。歴史が浅いため、大学合格実績はあまり出ていなかったのですが、先生がたの支援はとても厚かったです。高１の夏には東大や早慶など難関大のキャンパスツアーがあり、高２までには教科書のおおよその内容を終了、高３からは、志望別に入試対策をしてくれました。東大を目指していたのは僕ともう一人いましたが、めでたく２人で合格。非進学校出身の東大生は、母校に対しネガティブな感情を持つ人も多いのですが、僕は、高校の先生がたと仲間のおかげで、東大に合格できたと思っています。

小学生の頃は、歴史漫画や図鑑などを読み漁っていました。昔の日本には、こんなすごい人たちがいて、こんなことをやっていたのだと思うと、めちゃくちゃ熱くなり、学校の図書室や市立図書館のものはすべて読んでしまうくらいでした。特に、小５のクリスマスにサンタさんからということでもらった『なるほど知図帳日本２０１０』『なるほど知図帳世界２０１０』は、暇さえあれば、時間を忘れ、穴があくほど読んでいました。都市名や様々なデータを基にしたランキングや「国境なき医師団」の存在など、世界を知ることができて、楽しかったんです。

当時の成績は、通っていた公立小学校で上の下か中の上くらい。家で宿題以外の勉強をやった記憶はありません。両親としては、もう少し勉強をさせたかったのかもしれないのですが、歴史漫画や図鑑は勉強になるだろうと自由に読ませてくれていました。ただ、その頃から、「大学時代は東京で過ごし、広い世界を見てほしい」とはよく言っていました。

小6の夏から半年だけ塾に通いました。中学受験をするためです。地元の公立中学は、腰パンの不良たちが跳梁跋扈《ちょうりょうばっこ》しているイメージがあり、僕は体が小さく、弱いキャラだったので、あの環境にいくくらいなら勉強するという感じでした。また、今の小学校よりも、もっと気の合う優秀な人たちと中学、高校を過ごしたいという思いも強かったように思います。

目指したのは、県内トップの公立中高一貫校。レベルが高いということ、金銭的なことを考慮し

⬆歴史漫画もボロボロになるまで繰り返し読んだ。

⬆大好きだった『なるほど知図帳』(昭文社)は知識の基礎となった。

て決めました。しかし、力及ばず不合格。「もうどうにでもなれ」と思い、後期で受けた私立が宮崎学園中学校でした。リサーチもせず受験した中学校でしたが、入試が終わったその日に、副校長先生から電話があり、「授業料が免除になる特待生でいらっしゃい」と言われ、入学を決めました。本当にありがたい話でした。

宮崎学園中学校は、当時は1クラスしかなく、クラスメイトは42名、高校の特進科へはそのうち36名が進学しました。中高6年間、クラスメイトはほぼ同じメンバー。先生はよく「君たちは大学受験を頑張って、世の中を背負っていくんだぞ」と励ます言葉をかけてくれました。仲のよいクラスメイトと熱心な先生に囲まれ、まるで温室育ちでした。

中学生の頃は、授業は真面目に受け、理解できない部分があれば、すぐに先生に質問に行く。また、毎日出されるたくさんの課題や定期テスト勉強はきちんとやっていました。成績はクラスで8番目くらい。中3から少しずつ成績が上がり始め、中学の最後の方では3番目になりました。また勉強ばかりではなく、中1から中3の半ばまではロボコン部、中3の終わりからは弓道部に所属しており、学校行事にも熱心に参加していました。

中学といえば、精神的な変化があった時期でもありました。

当時、浅田次郎や司馬遼太郎など歴史小説を読むようになっていたのですが、だんだん武士という存在に憧れを抱き始めたのです。心配性で、精神的に不安定で、小心者ゆえ他人におもねってしまう。そんな自分を弱い人間だと感じていました。確固たる自分があり、信念のために命を捨ててもいいという武士のように、一本筋の通った人間になりたいと思うようになりました。このことは、成績が上がったこととは関係ないとは思うのですが、この頃から、弱さを自覚しながら自分と対峙するようになりました。また、分かりやすい変化としては、親が何度注意しても治らなかった猫背が、すっと治りました(笑)。

授業と教科書、本と新聞の基礎力

文理選択は高1のとき。理系を選択しました。環境問題に興味があり、電力やエネルギー分野の研究職につきたいと小学生の頃から考えていたからです。

東大を受けようと思ったのは、高1の中頃。明治大学出身の祖父から「東大を受けておけばよかったと後悔がある。だから海仁には東大を受験してほしい」と言われたのです。また同じ頃、三者面談で先生から「黒木くんには是非とも東大を目指してほしい」と話があったのです。中高一貫校となった3期生にそろそろ結果を出してほしいという思いがあったのでしょう。もしかしたら、生徒みんなに言っていたのかもしれない。それでも、祖父の思いと先生の言葉を受け、漠然とではありましたが東大を意識するようになりました。

高1の最初は、模試で東大はD判定でしたが、後半になると、B判定、A判定と上がり、「これならいけるんじゃないか」と手応えを感じるようになりました。というのも、高1の終わりに、模試で宮崎県1位の成績をとったのです。自分としては、全く予想していないことでした。特別なことはしていないのに、結構すごいところまでいっちゃったな、意外といけるもんなんだな、というのが正直な思いでした。

宮崎学園高校の特進科といっても、県内でトップクラスの生徒が集まっているわけではありません。中学入学当初、そのクラスで8番目だった僕が、1~2年かけてではありますが、宮崎県トップの成績まで上げることができた。

理由を考えると、東大合格への土台にもなった「基礎力」につきると思います。

僕の考える「基礎力」とは、まず、授業と教科書を完全に理解するということ。僕は、中学からずっと授業を理解しきるということを徹底してきました。上を目指す、順位を上げるというより、学んだことはしっかり身につけるという思いが強かった。小心者なので、そうしないと不安だったし、中学生の頃はまだ試験も簡単だったため、満点に近い点数をとる人が多いなか、負けたくないという思いも原動力になっていました。だから、授業では一度も寝たことはありませんし、内職をしたこともありません。

また、理解が不十分な部分を復習する際は、かならず教科書を開きました。読んでおもしろいものではありませんが、最も基礎的なことが書いてあり、読むだけで身につく。自分の手元にあるリソースとしては、やはり教科書が有効であると感じていました。

僕が、中学生のときからずっと授業や教科書の内容を100%理解しきることを徹底してやっていくなか、きっとほかの人たちは、それが90%になったり、80%になったりしたのではないでしょうか。そこで差が生まれ、結果、僕の順位が上がったのだと思います。

そしてもう一つ。小さい頃から読んできた歴史の本や図鑑、地図帳などから得た広く浅い知識、そして高校からほぼ毎日読んできた新聞が僕のバックグラウンドナレッジとなってくれたように思います。日本史を学ぶときにも、同級生が一から覚えることをすでに知識として持っていたり、初見の英文や現代文でも、どこかで聞いた内容だったりすることがありました。それらの知識が直接点数につながることは稀《まれ》でしたが、「知っている」と感じることが学びへのハードルを下げてくれました。

とはいえ、すべてを要領よく学んできたわけではありません。すっと解けない問題ももちろんありました。そんなときは、まず教科書に戻りますが、それでも理解不十分な場合は、「理解できていない」という意識を持ちながら別の分野を学んでいきます。新たな内容を学び、様々な問題を解くうちに、別の分野の知識がつながり、問題が解けるようになる。このように時間をかけて理解することもありました。

教科書に戻り、何度も読み直し、問題を解いていくと、一つの問題を普遍化し、それを別の問題に拡張してあてはめて理解するということがよくあったように思います。

教科書を徹底して理解することで身につけた問題を普遍化する力が、東大入試問題を解くための土台となりました。東大の入試問題は、基礎を理解している人にこそ解けるといわれます。実際、教科書の隅に書いてあることもよく出題されます。教科書を100％理解してきたことが土台となったので、発展問題、東大レベルの問題は割と楽に取り組むことができました。

隙間時間を無駄にせずに勉強

このように教科書と授業を理解しきることで県1位の成績がとれたのです。東大を受験すると決めても、予備校にいく必要は感じませんでした。学校では、放課後や休日も勉強できる環境があり、大学合格という目標に向け、共に努力できるクラスメイトがいました。これまでのようにやっていくだけでした。

僕の高校では、朝課外、夕課外という補習の時間が毎日ありました。朝の7時半から夕方の18時まで、約11時間学校に拘束されます。宮崎県は塾が少ないので、学校が塾のかわりをするための補習だそうです。自宅から高校までは、片道1時間。毎日5時に起床、5時55分発の電車に乗りました。放課後は、部活を引退してからは自習室で勉強してから帰っていたので、帰宅は21時。1時間ほど勉強をして、24時過ぎには就寝。自宅での5時間の睡眠と朝の電車での1時間の睡眠で、なんとか6時間を確保していました。

自学する時間をつくるため、休み時間や帰りの電車などの隙間時間も無駄にせず勉強をしました。授業の合間は、3分でも時間があると、すぐに日本史の教科書を開いて読んでいました。同じ部分を10回読めば、嫌でも覚えることができますからね。

また、帰りの電車では、単語帳『システム英単語』(駿台文庫)を読んだり、医学部や難関大学を目指す友人たちと問題を出し合ったり。1日2時間も電車通学に時間をとられるのは痛いし、早起きは大変でしたが、そのおかげで、友人と問題を出し合うことで理解を深めたり、単語帳など読んで覚える作業ができたりと、机に向かうだけではない勉強時間が生まれ、勉強のやり方に色分けができたことがすごくよかったと感じています。

あるとき、電車のなかで友人と問題を出し合っているときのこと。「あいつ、東大受けるらしーぜ」「マジかよ」という声が聞こえてきたこともありました。ガラの悪い別の高校の生徒たちでした。僕の嫌な思い出の一つとなっています。

高3からは難関大受験に対応した授業もあり、朝課外や夕課外などの補習では、東大を目指していた僕ともう一人に対し先生が教えるという贅沢《ぜいたく》な授業もありました。基本的には、授業や学校からの課題で十分。足りないときは、先生に相談すると、発展問題や受験に役立つ問題を出してくれました。数学は、先生が受験用にと、東大や医学部などの過去問をまとめた問題集をつくってくださったので、友人と共にそれを1日1問解いていました。

このように僕の受験勉強は、基本的に教科書と授業に課題、そして先生から配られる発展問題、過去問で進めていきました。前に勤めていた高校で生徒を東大に合格させた経験のある先生が多かったので、ついていけば大丈夫という安心感がありました。また、各教科に導いてくれる先生がおり、授業前や放課後など質問に行けばきちんと答えてくれたので、僕の需要は満たされていました。もちろん、最終的に何をやるべきかは、自分を理解した上で判断しなくてはいけないのですが。

高3の11月の模試では、宮崎県1位、全国7位という成績をとりました。負けず嫌いな

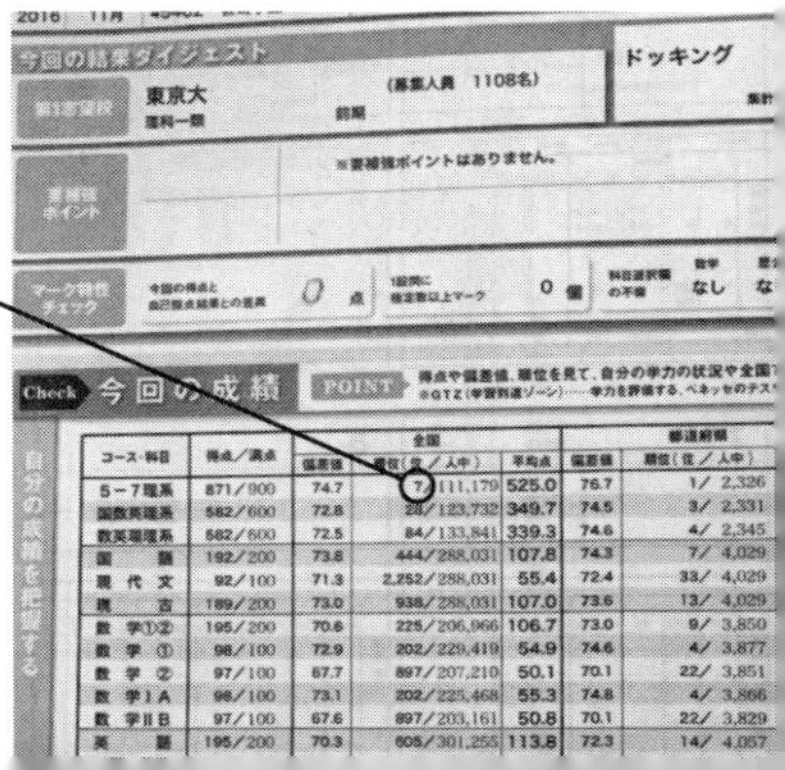

➡高3の11月の「ベネッセ・駿台マーク模試」の結果。県1位、全国7位の成績をおさめた。

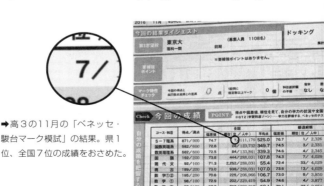

ところがあり、県1位をとることが快感だったので、模試が返ってくるときが受験勉強のなかで一番の楽しみでした。宮崎県からは毎年15名前後が東大に合格しているので、このままの調子でいけば大丈夫だろうという感触がありました。

高校時代、意識していたのが後悔のない3年間にしたいということ。もっと勉強しておけばよかったという思いはもちろんですが、もっと青春を味わっておけばよかったという悔いも残したくなかった。贅沢かもしれないけれど、どれかを我慢するというのは嫌でした。

東大を目指すと決めても、弓道部は高3の5月末まで続け、第43回宮崎県高等学校総合体育大会の開会式では、県の生徒代表として挨拶をしました。また、運動会の応援などを取り仕切るリーダーを3年間やり、高3では応援団長もやりました。勉強と対立すると思われがちな部活や行事に積極的に参加できたのは、中学からずっと基礎を積み重ねてきたからだと感じています。

↑運動会の応援団にも思い切り打ち込んだ（前列左から2番目）。

↑部活は弓道部。高2からは部長を務めた（右から2番目）。

３月10日。東大の合格発表はスマホで確認しました。最初の３秒くらいは受験番号が見つからず、頭が真っ白に。番号を見つけたときは、めちゃくちゃほっとしました。これで高校３年間を後悔せずに終えることができる…その思いが一番大きかった。こうして僕の高校生活は、勉強もしっかりやり、青春も思いっきり満喫して終わりました。

となればよかったのですが、実は、一つだけ後悔していることがあります。それは、彼女ともう少し遊ぶ時間をつくればよかったということ。高３から付き合っていたのですが、デートはたったの数回。「勉強しなければ」という強迫観念にかられていました。もう少し余裕があってもよかったなと受験が終わった後に思ったりしました。後悔しないようにと思っても、結局完璧にはいかず、無念です。

東大は期待を裏切らない場所

宮崎にいた頃を振り返ると、知的な刺激がほしいという思いは、ずっとあったように思います。高校時代は、大学合格に向け切磋琢磨する友人たちに恵まれてはいましたし、彼らがいなかったら、東大に現役合格できていたか自信がありません。しかし、ふとしたときに物足りなさを感じるときがありました。冗談のなかに、日本史の知識を絡めても通じなかったり、政治に関する話が深められなかったり。知識量の差を感じることがありました。また、中高通して1クラスだったので、6年間ほぼ変わらないメンバー。だからこそ楽しくもあったのですが、多様性がなかったことも物足りなさを感じた所以《ゆえん》です。

もっと広い世界にいってみたい。日本中から集まる優秀な人と交流したい。

その思いが、東京へ、そして東大へいこうというモチベーションになりました。

実際、東大という環境は僕にいろんなことを与えてくれています。1、2年の頃には、政策立案サークルに所属していたのですが、そこで知り合った自民党青年部所属の友人の計らいで、自民党の議員に生で質問できる会に参加する機会を得ました。また、僕自身も様々な団体・企業が主宰するシンポジウムやセミナーなどへ参加するなど、多くの人から刺激を受け、得難い経験ができています。こういう経験をするために、東京に、東大に来たんだと常々感じながら過ごしています。

大学3年になり、エネルギーや資源について勉強する学生団体に所属しました。学部卒業後は、大学院に進学し、そこで専門性を高め、ゆくゆくは宮崎に戻りたいと思っています。僕は、田舎が大好きです。ゆったり過ごすことに幸せを感じるのですが、それができる田舎が消滅の危機に瀕《ひん》しています。それをなんとか変えたい。エネルギー分野のなかでも太陽光発電などの分散型電源はエネルギーの地産地消につながるため、地方創生と相性がよいと考えています。いずれ宮崎で専門性を活かしながら、地方創生をやりたいと願っています。

大学選択は、大学生活を送るための環境を選ぶものです。場所選びに関しては妥協をしないでください。自分が大学生として過ごす際の仲間・環境としてどこが適切なのか、自分はどのような大学生活を過ごしたいのかしっかり考えた上で東大にいきたいということであれば、是非とも頑張ってほしいと思います。期待を裏切らない場所ですので。

私の東大合格勉強法
黒木海仁

隙間時間は日本史の教科書

日本史は、好きだったことはもちろん、小学生から読書で得た知識があったため、文系、理系含めて学年で１番の成績。教科書をいつも持ち歩いては、授業の合間など３分でも時間があると、すぐに開いて読んでいた。同じ部分を10回繰り返せば、嫌でも覚えることができる。

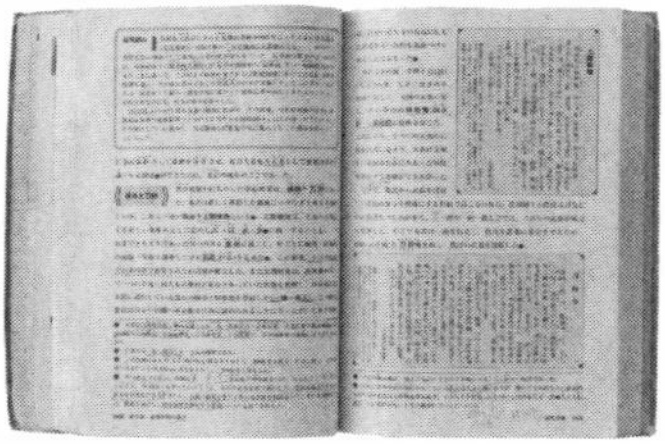

⬆重要な部分に赤のラインを引いて読んだ。

使用した問題集・参考書

【国語】
鈴木鋭智『何となく解いて微妙な点数で終わってしまう人のための現代文のオキテ55』KADOKAWA

【英語】
瓜生豊ほか『Next Stage 英文法・語法問題－入試英語頻出ポイント218の征服』桐原書店
霜康司ほか『システム英単語』駿台文庫

【物理】
漆原晃『難関大突破 究める物理Ⅰ・Ⅱ』KADOKAWA
浜島清利『名問の森 物理 力学・熱・波動Ⅰ』河合出版
浜島清利『名問の森 物理 波動Ⅱ・電磁気・原子』河合出版

⬆友人と問題を出し合った英単語帳。

校外学習は一切やらない

校外学習は、予備校、通信教材ともになし。授業と朝補習、夕補習、教科書で基礎力をつけ、先生が応用問題、過去問を配布してくれたので、校外学習の必要を感じなかった。左下の「使用した問題集・参考書」の欄に列挙している英単語帳や問題集は授業で使用したものがほとんど。数学・化学では、先生から定期的にもらう発展問題を解くだけで、東大受験に対応できる力をつけることができた。

購入した問題集は２冊

購入した問題集・参考書は現代文と物理のみ。現代文の『何となく解いて微妙な点数で終わってしまう人のための現代文のオキテ55』(KADOKAWA) は、高１のときに、現代文の成績が頭打ちになっているのを感じて購入。この参考書通り、模試を通して対比構造を見つける練習をしていくことで、現代文の読み方に安定感が出た。物理「名門の森　物理」シリーズ（河合出版）は、先生から「授業のレベルじゃ足りないから自分で進めていくといい」と勧められたので購入。１日１問解くと決めて進めていった。

「東大にいけると思わせて申し訳ない」担任の言葉にも諦める気持ちはなかった

経済学部3年
永見琉輝

永見琉輝（ながみりゅうき）

1997年、神奈川県生まれ。母と２人暮らし。公立小学校卒業後、公立中学校に進学。バスケットボール部に所属し、中３では生徒会副会長を務める。神奈川県にある私立高校の特進コース（偏差値42〜50）に推薦入試で合格。高２の６月まで卓球部に所属。１浪の後、2017年に文科二類に合格。高校からは、学校創立以来初の東大合格者となった。現在は、半年間の休学をしており、2020年４月から、３年生として復帰予定。

受験科目

センター試験　国語、数学ⅠA・数ⅡB、英語、化学基礎、物理基礎、日本史Ｂ、地理Ｂ

二次試験　国語、数学、英語、日本史・地理

試験の得点

現役　センター試験　**７７９点**　二次試験　**２２０点**

浪人　センター試験　**８４４点**　二次試験　**２９３点**

小さい頃から、まわりより頭がよいと思っていたし、やればできると思っていました。勉強をしなくてもテストで満点がとれるし、小1で掛け算、小2で分数の足し算・引き算を通分して解くことができていました。また、ラジコンやDVDプレーヤーなど、電子機器をよく分解していたのですが、中学生になり、ほかの人は「分解」をやらないと知り、自分は知的好奇心の強い方なんだなと感じたりもしました。

ただ、勉強をする習慣はなく、家でゲームばかり。父も母も教育に関心がなく、「勉強しろ」と言われたことはありません。出不精だった父の影響で、僕も引きこもり体質。家では、DVDプレイヤーとゲーム機の配線をいじって、テレビの画面はゲーム、音声はDVDが流れるようにしていました。娯楽のすべてが自分のまわりにあるなか、お菓子を食べながらだらだらと過ごす時間がお気に入りでした。

小2のときに父と母が離婚。それから母と2人で生きてきました。

入学した公立中学校は、「番長は誰だ！」と争いが起きるようなヤンキー文化の色濃い学校でした。僕は、その様子を傍目《はため》にバスケ部に入り、成績は中くらい。授業中は、体を60度ほど傾けて座り、隣の友達としゃべるか、もしくは、先生に質問ばかりしていました。疑問が浮かぶとすぐに質問してしまうため、「お前はもう黙れ」と注意されたり、英語の授業では、ALT（外国語指導助手）の先生と一対一の状態になってしまい「あいつだけの授業じゃん」とヤジがとんだり。知識を吸収したいという思いからだったのですが、まわりから見たら態度は悪かったと思います。

だからどんなに勉強を頑張っても、評定は5段階で4が限界。いきたい県立高校があったのですが、神奈川県の高校入試は内申点を重視するため、どうにもならないという悲しい状況に、高校はどこでもいいやと投げやりな思いでいました。

中3のとき、三者面談で「志望校はどうしますか？」と先生に聞かれたときの母と僕の返事は、「どこでもいいです」。親子で軽く受け流すので、先生は困惑していました。高校選びの条件を聞かれ、母からは「学費が安いこと」、僕からは「家から近いこと」の2つを伝えたところ、自宅から徒歩15分の私立高校の特進コースへの推薦入学を勧められました。校舎もきれいだし、今の成績で十分合格できそうだし、また、学費も全額免除になるという。「じゃあ、そこにします」と受験を決めました。

この頃の僕は、先生や友人の言葉を鵜呑みにし、そのまま実行するという、何も考えていない人間でした。高校の推薦入試の面接では、「将来教師になりたいので、横浜国立大学（以下、横国）教育学部にいきます」と宣言をして合格したのですが、これも友人の受け売りでした。その友人は、まわりよりも大人びた女の子で、「教師になりたいから横国の教育学部にいきたい」と将来の目標を教えてくれました。それを聞いたときに、こんな風に将来を考えるのかと新鮮な驚きがありました。そういえば、僕も小学生の頃から、授業を受けながら「もっとこうしたらいいのに」などと感じていたことを思い出したのです。確かに先生になるのも悪くない。これが、当時の僕の目標になりました。

この頃、もう一つ影響を受けた友人の言葉がありました。成績がよい子なのに偏差値の低い高校にいくという。なぜかと聞くと「偏差値の高い高校で下の方にいるよりも、その高校でトップをとった方がいいから」と力説されました。そうか。僕も同じ状況だから、高校では1位になっておこうと思ったのです。

高校に入学後、最初の定期テストで思い通りの1位。ところが、慢心してしまい、次の定期テストでは6位に転落。そのとき、3位だった女の子に「さよなら、元1位」と言われ、悔しい思いをしました。「くそっ」と思い、そこから卒業するまで1位をとり続けました。ちなみにその女の子とは、1年後、付き合うことになりました。

それはさておき、最初のテストで1位をとったことが大きかった。追われる立場になり、地位を守りたいという思い、そして、1位をとっておけば、先生からは何も文句は言われないだろうと勉強をするようになったのです。僕はだらしないところがあり、遅刻の常習犯だったので。また、高校の学力レベルからいって、横国の教育学部を目指すのであれば、

1位をとっておかないとまずいという思いもありました。

部活を辞め、ついに勉強をやるときがきた

高2では、国公立理系コースを選択。横国の教育学部は、理系科目でも文系科目でも受験できるので、数学や化学が好きだったこと、何より男子が多くて楽しそうだからということが理由でした。科目は、物理、化学、日本史を選択しました。

6月には、卓球部を退部することに。引退間近の先輩たちから「永見がいると練習にならない」と苦情が入っていると顧問から聞かされたのです。運動不足になりたくないし、楽しそうだからと選んだ部活。真面目にやろうという意識の低い僕の影響で、部活によくない雰囲気が生まれていたのは事実でした。ただ、顧問を通して僕に対する陰口を聞いたことはつらく、「自分は邪魔な存在なんだ」と感じ、辞めることにしました。

幼少期から運動が苦手で「僕の体は死んでいる」と感じてきた僕からすると、スポーツを一生懸命やるなんて意味が分からない。スポーツの世界でプロになれるのは1%くらい。そんな可能性の狭いところに人生を費やすなんて馬鹿みたいだと感じていました。でもそれは、運動において優位性のない僻《ひが》みでしかなく、当時はそう思うことで、部活動に踏ん切りをつけ、「勉強しかない」と高校生活のすべてを勉強へと振り切ったのでした。

小さい頃から、自分は頭がいいと思っていたし、やればできると思っていましたが、このとき、ついにその「やるとき」がきたという感覚がありました。

そこからは、放課後は毎日19時まで学校に残り勉強をしました。担任から「センター試験の過去問を解いた方がいい」と言われたので、その対策と、9月からは、日本史の独学も始めました。理系クラスでは、日本史は高3から始まるため、受験に間に合わないと思い、教科書を読み始めたのです。

高2の11月の模試では、偏差値は平均67。横国の教育学部はA判定。そこで偏差値が5～6高い横国の経済学部を目指すことにしました。以前、高校の先生から「小学校の教師はめちゃくちゃ大変だからやめておけ」と言われたことがあり、中高の教師を目指すのであれば、教育学部にこだわる必要はなくなっていたのです。

高2の1月、センター試験同日模試を受験。結果はよく、横国経済学部でもA判定。さらに、東大合格者の同時期の点数よりも90点低いという点数でした。その結果を前に「あれ、このまま1年やれば、もしかしたら東大にもいけるんじゃない？」という思いが芽生えました。でも、誰にも言えませんでした。うちの高校のトップ層が狙うのはGMARCHレベル。偏差値だと横国と同じくらいなので、横国を目指していることは堂々と言うことができました。しかし、東大は格が違う。雲の上の存在。隣のクラスの医学部にいくと公言し、がっつり勉強していた子も異端扱いされている。僕が「東大にいきたい」なんて言おうものなら、ちゃかされるのは見えています。それは恥ずかしすぎる。このときは、自分のなかだけで、東大を射程に入れることにしました。

それに伴い、受験科目を考え直しました。理系科目を選択したのは、教育学部を受けるため。しかしこの先は、横国を受けるにしろ東大を受けるにしろ、経済学部を受験することになると思ったからです。そうなると理科は、センター試験での化学基礎と物理基礎までしか必要ありません。また、東大を受けるなら、社会は2科目必要になるため、新たに地理を追加することにしました。国公立理系コースにいるので、文転は個人的なこと。物理と化学の授業は卒業まで続きますし、地理の授業は受けられないので独学です。

高3になり、東大を意識しながらも、センター対策のみに没頭していました。当時は、東大を目指す人たちは、センター対策はそこそこに二次対策をするということを知らなかったし、高校での指導も「まずは、センター試験の勉強をしろ」だったので、受験勉強といえば、センター対策だと思い込んでいました。センター試験のスコアを上げるため、過去問を解き、間違えの見直しと分析をし、そしてまた解くことをひたすら繰り返していました。

まわりはというと、パズドラの話や、推薦やAO入試ではやめに受験を終わらせようという会話ばかり。高2の後半から受験を見据えこんなに勉強していたのは、クラスでは僕だけ。クラスメイトに感じていた壁のようなものをより強く感じるようになりました。

高1から学級委員をやっており、決めなければいけないことがあれば、議論をまとめ、何をすべきかを指示する。そんなまとめ役をかって出ていました。また、まわりのテンションに合わせて楽しく話すことも得意です。しかし、クラスメイトたちとは、どこか距離を感じていました。僕はもともとアニメが好きだったのですが、まわりはゲームや芸能関係の話が多く、共通の話題が見つからなかった。

高2になり受験勉強を始めてからは、ますます共通の話題がなくなりました。僕の勉強量についてこられる人がいなかったし、解いている問題のレベルも違う。一緒に頑張る仲間を見つけることは不可能でした。

授業中には内職をし、休み時間もずっと問題を解いている。運動会では競技の合間に、修学旅行では部屋で単語帳を開いたりもする。そんな僕を遊びに誘う人はいないし、休み時間などに声をかけられることも少ない。クラスメイトたちがつながり合っていることは見えていたので、すごく孤独を感じていました。寂しくつらい時期でした。

2次試験3週間前に東大対策をスタート

そんななか、僕の中での東大への思いはどんどん醸成されていきました。

高3の夏休みのこと。テレビを見ていると、東大経済学部の学生が「投資で100万稼ぎました〜」と言っている。その東大生の笑顔を見て「これだ！」と思ったのです。

僕は、母と2人で暮らしてきました。母が離婚を決めたのは、乱暴な父から僕を守るためでもありました。それからは仕事でめちゃくちゃ疲れ、苦しんでいる母を見てきたので、いつか母を裕福にしてあげたいという思いがあります。父に似て引きこもり体質の僕は、できれば楽をして稼ぎたい。僕には、テレビの東大生がまさに理想の姿でした。

東大の経済学部にいって、人生逆転だ！

東大への憧れ、そして「やればできる」と思っていた自分を試してみたいという思いがどんどん膨らんでいきました。

センター試験1か月前となった12月、東大への思いがあふれんばかりに大きくなってしまい、とうとう担任にその思いを伝えることにしました。

「東大を受けたいです」

担任はしばらく僕を見つめ、言いました。

「東大にいけると思わせてしまい、申し訳ない」

まさかこんな言葉が返ってくるとは思っておらず、驚きました。

「この高校から東大に合格した人はいないし、東大受験を指導する力もない。きみを育てるリソースを持っていないし、生徒が東大に合格できる実力かどうかを測る指標すらうちにはない。情報不足のせいで、東大のレベルを教えられずに悪かった」

僕の実力では東大は合格できないという前提で話が進みました。母校では、僕の成績はかつてないレベルで高かったそうです。しかし、それでもセンター試験の模試は8割程度。9割とれない僕には、東大二次試験は戦えないというのです。担任は、進学校で教えていた経験もあります。東大に合格した生徒、落ちた生徒をたくさん見るなかで、そう判断したのです。ワンチャンいけるんじゃないかという思いがありました。でも、そのワンチャンすらない。僕はゼロチャンなんだ…。切なかったです。

その日は1日、空虚な気持ちに囚われていました。それでも、空虚のなかから「俺はいける」という思いが少しずつ頭をもたげてきました。完全には諦められない。それは、強い憧れ、願望が形を変えただけだったのかもしれません。

やればできる子が、やってできないわけがない。

担任を見返すためにも、センター試験のスコアをさらに伸ばすべく、過去問を解き続けました。センター試験の点数が上がれば上がるだけ東大に近づいていると思いながら。

1月、センター試験は779点。9割近いできでした。僕は再び担任に言いました。

「やっぱり東大を受けようと思います」

「よし、受けていいぞ」と担任。

手のひらを返したな！と思いましたが、無事、東大を受験できることになりました。

とはいえ、僕の高校では、センター試験後に卒業試験があります。1月終わりは、その対策のため、受験に関係のない家庭科や物理の勉強をするはめになりました。進学校では考えられない状況だと思います。

東大二次試験の3週間前、2月頭にようやく二次試験対策をスタート。初めて東大の過去問を見た瞬間、頭が真っ白になりました。英語は全然読めないし、日本史に至っては、「何この問題？」という状態。まともに解けたのは数学だけでした。このとき、ようやく気づいたのです。東大を目指すのであれば、勉強の仕方が最初から間違っていたと。

センター試験の点数が高い人が東大に合格できると思い、センター試験のスコアを伸ばすための勉強をしてきました。しかし、その因果関係は逆で、東大二次試験の勉強をしていると、センター試験が楽になり、点数が上がるというのが本当のところだったのです。

⬆高校の卒業式に母と。会話しないと脳は萎縮《いしゅく》すると知り、浪人中は母とよく会話した。

東大はセンター試験で点数がとれても受からない。ここにきてようやく理解したのです。それでも、前に進むしかない。3週間は過去問を解き続けましたが、ほぼ対策ができていない状態。99%は落ちると思いながら二次試験を受けにいきました。

結果は、30点足りずに不合格。

その後、後期試験で横国経済学部に合格。しかし、東大に不合格だった時点で、僕は浪人を決めていました。このときも子どもの頃からの自信が僕の背中を押しました。

俺があと1年、勉強して東大に受からないはずがない。


母は、教育に関して無頓着なので、「いいんじゃない」と。ただ、担任が反対しました。

「1年勉強したとしても、落ちる可能性もある。横国にどうしていかないんだ?」

「横国にいけば楽しい大学生活が待っていると思います。バイトにサークル、いろんな人との出会い。でも、4年間が終わり、卒業するときに何が残るのか。何も残らない気がするんです。それに、就職をして、東大卒の上司にこき使われたとき、〝俺だって東大にいけたかもしれない〟ともう一つの謎のストーリーを抱きながら人生を過ごすなんて嫌なんです。後悔しないためにも、東大に挑戦したいんです」

思いをぶつけると、ようやく「分かった」と言ってくれました。

「ただし、予備校には行けよ」

「いえ、行きません」

「どうして？　永見の成績なら、授業料免除で通える予備校もあるから」

「いえ。自宅でやります。予備校のシステムが苦手なので」

高3の9月頃から、友人が高い授業料を払い、予備校に通い始めましたが、大学に落ちています。合格実績のために成績のよい人を無料で通わせ、そうではない人から授業料を搾取するという予備校のシステムに嫌悪感がありました。また、授業を聞くよりも独学の方がはやく学べると思っていました。日本史も地理も、独学だからスピーディに勉強を進められました。予備校で1時間の授業を受けるより、有名講師が必死で書いた参考書を使って独学した方がいいはず。

僕の話を聞き、担任はしぶしぶ承諾。ただ、教頭先生が紹介してくれた、臨海セミナーの東大テストゼミ生となりました。年間三千円で、模試の受験料が無料になり、東大の過去問を添削してもらえるというコースでした。

自分で考え、行動し、自己管理する

浪人が決まり、この1年を有意義に過ごすために、勉強だけではなく、精神的な部分も含め自己管理を徹底してやることにしました。高校の先生が「勉強は量×質の掛け算だから、片方だけに力を入れても限界がある」と話していたのですが、このことが自己管理の大切さに気づく際の助けになりました。量を追求するために睡眠時間を削っては、質が下がってしまう。量と質の両方を担保するには、脳の状態が一番大事なのではないかと思うようになったのです。

ベストコンディションで勉強に向かい、精神的に安定して勉強を続けられるためにどうしたらよいのか、勉強法など様々な本を読みながら、自分自身で検証し、試行錯誤していきました。

まず、勉強に最適な脳にするために、健康的な生活を心がける必要があると感じ、生活習慣を見直しました。

寝坊するとその日1日だらだら過ごしてしまうため、毎朝7時までに起床。朝はベランダでコーヒーを飲みながら日光浴をし、体を目覚めさせます。そして好きな曲を聴きながら、知識量が重要な科目(日本史、英語)の勉

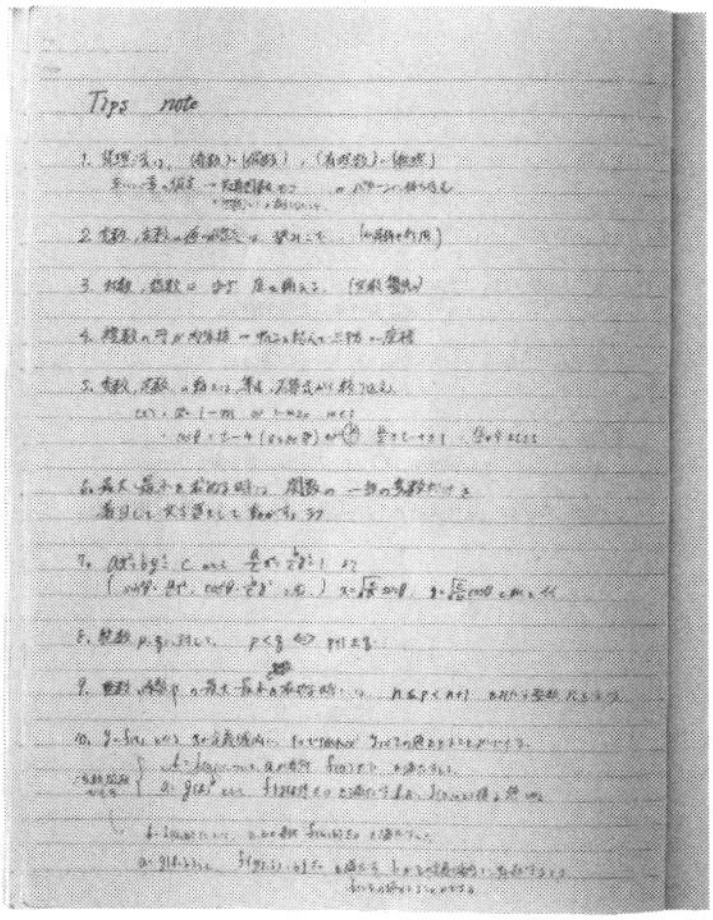

⬆数学のノートの最後のページには、解き方のポイントをまとめた。

強からスタート。朝からスムーズに勉強へ移行するためのルーティンをつくり上げました。昼食に固形物を食べると消化のために血液が胃に集中して眠くなるため、マルチビタミン系サプリやプロテインなどを摂取。18時まで勉強したら、週に2、3日は1時間ほど筋トレやランニング。21時の夕食には、タンパク質の多い鶏の胸肉やサラダをよく嚙んで食べる。シャワーの後、22時には、その日に学んだ内容の復習など軽く勉強をして、布団に入り瞑想《めいそう》。そのまま23時には寝落ちする。この生活パターンを繰り返していました。気分転換に散歩したり買い物に行くなどしていましたが、うまくいかない日もあり、そんなときは「起きられなかった今日はカラオケに行く」とか「調子が悪い今日は気分転換に人と会う日」など自分を責めないようにしていました。

また、学習計画も戦略的に立てました。現役時の失敗は、短期的なものの見方しかできず、センター試験対策ばかりをしてしまったこと。浪人では、長期的視点を取り入れ、東大合格を最終的な目標とし、時期ごとに受ける模試を目安としておき、それに合わせ1週間ごとの目標、さらに1日のToDoリストをつくって勉強を進めました。予定通りにいかない場合は、そのたびに、やるべきことを見直してやっていきました。

4、5月は、基礎力の見直し。ブルドーザーで穴を埋めていくように、基礎的な問題集を解きまくり、知識の網羅性を高めていきました。土台がしっかりしたところで、6月からは東大二次の記述対策。添削は、週一のペースで臨海セミナーにお願いをしました。

夏の段階で、模試では、東大はA判定をとっていましたが、現役生は夏以降どんどん伸びると、気を抜かず勉強を続けました。

それでも1年の宅浪生活は、ネガティブな感情が湧き上がることがありました。これで受かるんだろうか、無理なんじゃないか。そんなときは、とことん自分と対話をしました。

「何を根拠に不安になってんの？」

「英語の長文の点数が上がらないから」

「そっか。単語力が弱いからじゃないかな」

「1日20個の単語を覚えようとしているけど、なんでダメなんだろう」

「だって1週間後に忘れてしまって、定着してないじゃん？」

「じゃあ、1週間以内に復習する時間をつくればいいんだ！」

など、自己対話を繰り広げることで、

HOW TO STUDY !!

〈最初に頭に入れておくこと〉

○ 精神的に
1、「できる」と思い込む
2、嘘でも楽しいと思い込む
3、間違えたほうが良く覚える→間違えたらラッキー…
4、リラックスするためには、
外部情報をシャットダウン（耳栓・閉眼）して、腹式呼吸。
5、部屋に東大合格と書く

○ 勉強の質の保ち方
1、集中力が切れたら、
とりあえず教科書を読む。
タイプを変える　Ex）本読み→音読　暗記→問題
教科を変える

2、朝起きたらとりあえず１０分間だけ勉強
3、勉強時間ごとに自分にご褒美　Ex）100 時間で映画　etc...
4、きちんと現状を分析して計画を立てる
5、時間帯で分ける
朝：参考書　昼：問題集　夜：暗記物
6、よく寝ることがめっちゃ大事

☆成績の伸びやすさ
公民＞地歴＞生物化＞数学＞英文法＞英文読解＞英作文＞漢文＞古文＞評論＞小説

→伸びづらい教科で悩むよりも、伸びやすい教科で高得点を目指せ！

☆総合点で評価される
８０点→１００点　よりも　４０点→６０点　のほうがラク！

苦手克服が大事！！！

⬆スマホのメモで作成した心構えや勉強法。センルフコントロールの秘訣《ひけつ》が多く書かれている。

不安の原因をつきとめ、それを払拭するために具体的に何をすべきかまで落とし込んでいきました。

浪人生活は人生で最もまともな時期だったと思っています。自分で考え、行動し、自己管理もできるようになった。もともとは、引きこもり気味のゲームオタクだった自分が、どんどん変わっていく楽しさにどっぷりつかりました。

さらに、母への感謝の気持ちがより大きくなりました。1年間、ただ家にいるだけという状況は、申し訳ない気持ちでいっぱいでした。自発的に家事を手伝おうという気持ちが芽生え、家計を圧迫しないよう心がけました。節電節水のために、電気料金、水道料金をグラフ化して、どう減らすかを考えたり、3か月ほど、食事を1日1食にしていた時期もありました。空腹の方が頭の回転がはやくなるため、ブドウ糖とDHAなどの必要な栄養素だけをとって、パフォーマンスを上げました。

そして迎えたセンター試験。現役より、65点アップの844点、9割越えでした。東大の二次試験会場では、数名で固まっておしゃべりしている進学校の人たちを、ボロボロの赤本や参考書で威圧。試験が始まると、解答用紙が東進の模試と酷似していたため、「これはもしかして模試なのでは？」と現実逃避をしながら問題を解きました。難しく感じる問題が多かったのですが、それでも、1点でも多くとるために最後までやり遂げました。

3月10日の合格発表の日。自宅でゲームをやりながら、そのときを待ちました。12時、ネット回線が混んでいてようやく開けた合格発表。自分の受験番号を見た瞬間、安堵とともに「は〜」と漏れたため息。「ゲームでもすっか」。僕はそのままコントローラーを指で動かし始めました。現実として受け止められず、その日は、何度も合格発表を見ました。こうして、330日間、勉強時間、1日平均8時間40分の浪人生活が終わりました。

合格したことを聞いて、母は「よかったじゃん」とだけ。本当に無関心です(笑)。祖父と祖母はすごく喜び「東大かぁ、やるなあ」と褒めてくれました。高校へ報告に行くと、応接間に通され、担任、体育教師、学年主任、教務主任、校長先生と次々に現れ、そして最後に理事長が来て「おめでとう」と握手。学園創立以来初の東大合格を祝ってくれました。

受験時代の過ごし方が大学入学後に影響する

東大にはいろんな人がいます。やる気をなくし、何をすべきか分からなくなっている人。逆に、やるべきことを見極め、学問、または課外活動に精を出す人。大学入学後のあり方は、受験時代に何を考え、どう勉強してきたかが深く影響しているように感じています。

僕自身は、受験対策で遅れをとったことがトラウマになっているため、周囲より早い2年生の後半から就活を始めました。入学してすぐに投資を学ぶゼミに入ったのですが、投資で稼ぐことは楽ではないと知り、外資系コンサルタント企業への就職を目指していました。しかし、だんだんと自分のやりたいことが変わってきているように感じ、立ち止まって考える時期だと考えました。現在は半年間の休学をし、発達心理学の研究をしている会社で研究員として働いています。

中学までは勉強する環境になく、僕自身何も考えず、勉強もしていなかった。それが、高校で真面目な人たちに囲まれることで勉強をするようになりました。また、小さい頃から「ジャイアン気質」で学級委員をやったり、生徒会に所属していた僕は、周囲を引っ張ることが好きなタイプでした。そんな僕にとって、非進学校のトップにいられたことは、進学校の中くらいにいるよりも性に合っていたのだと感じています。

人間は、環境に影響を受けるものです。それも無意識のうちに影響されてしまう。だからこそ、その無意識をきちんと意識に上げることが大切です。受験勉強は、その訓練に最適な時期でもあります。勉強をする際、部屋の散らかり具合や電気の明るさなどが、やる気に対し無意識に影響を与えています。そこを意識して、自分にとって最適なパフォーマンスができる状況を見つけていく。その試行錯誤が、大学生活において自分はどう生きていくべきかを見定める認知力になっていくはずです。

私の東大合格勉強法
永見琉輝

勉強に最適な脳にする

浪人期は、勉強に集中し、効率的に学べるよう、脳の状態も意識した。脳の健康は、身体の健康や精神の健康ともつながっており、身体の健康をつくるのは食事と運動と睡眠だという思いから、「瞑想」「筋トレ」「ランニング」「睡眠」「短眠」「食事」「栄養」「脳によい栄養」などについて重点的に調べ、実践した。そんななかから、自分が勉強に向き合える状態になれる生活習慣を見出していった。苅谷剛彦『知的複眼思考法　誰でも持っている創造力のスイッチ』（講談社）や三宮真智子『メタ認知　学習力を支える高次認知機能』（北大路書房）は参考になった。

自分専用の教材をつくる

中高生から「書く」勉強を好んでやってきた。体系的に知識を整理したり、自分にとって必要な知識のみを抜き出したいときなどは、ノートなどに書くしかないからだ。浪人期も、日本史の知識をノートやデータにまとめたり（227P）、過去問題対策ノートをつくったり、覚えたい英文などを単語帳に書き留めた（下）。

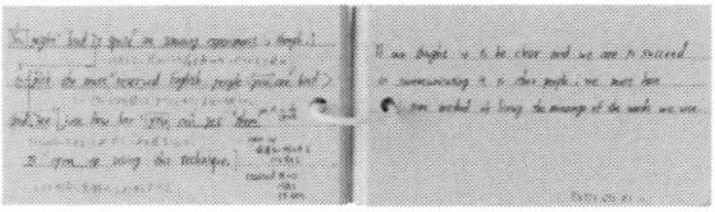

⬆表に英文、裏に日本語訳と文法を書いた。

答案は何パターンも用意

現役時は、校外学習は使わず独学。浪人期も独学、宅浪を選んだが、教頭先生の勧めで臨海セミナーのテストゼミ生となった。回数無制限で東大過去問の添削を受けられるため、週に1度、東大の過去問を解いて臨海セミナーに持参。その際は、一つの問題に対し、数パターンの答案を書き、提出した。添削内容を見比べることで、どのように書けばより点数がもらえるかを研究した。

勉強法まとめシート

浪人が決まった4月、林尚弘『残り3ヶ月からでも難関大学の逆転合格を可能にする脅威のショートカット勉強法』（KADOKAWA）や新宮竹虎『学年ビリから東大・医学部・早慶に合格する法』（エール出版社）などを参考に、浪人期の心構えや各教科の勉強法を『HOW TO STUDY !!』（P221）と題してまとめた。勉強の質を保つために、朝は参考書、昼は問題集、夜は暗記ものなど時間帯で分ける、睡眠をしっかりとるなど決めた。ちなみに上に挙げた後者の本は、浪人時のバイブル的存在となり、ネガティブな気持ちになったときなどに何度も読み直した。

使用した問題集・参考書一覧

【国語】
霜栄『現代文読解力の開発講座』駿台文庫
武田博幸ほか『読んで見て覚える重要古文単語315』桐原書店
仲光雄『古文上達 基礎編 読解と演習45』Z会
竹村良三ほか『得点奪取古文　記述対策』河合出版
『漢文　入試精選問題集９』河合出版
『風呂で覚える漢文』教学社
天野成之ほか『得点奪取漢文　記述対策』河合出版

【数学】
安田亨『東大数学で１点でも多く取る方法　文系編』東京出版
鳥山昌純『文系数学の良問プラチカ 数学Ⅰ・Ａ・Ⅱ・Ｂ』河合出版
月刊誌『大学への数学』東京出版

【英語】
内川貴司ほか『イチから鍛える英語長文700』学研マーケティング
安河内哲也『大学入試英語長文ハイパートレーニング　レベル３ 難関編』桐原書店
宮川幸久『英単語ターゲット1900』旺文社
『鉄緑会東大英単語熟語　鉄壁』KADOKAWA
木村達哉『灘高キムタツの東大英語リスニング』アルク
三浦淳一『大学入試　全レベル問題集　英語長文　６国公立大レベル』旺文社
伊藤和夫『英語要旨大意問題演習』駿台文庫

【日本史】
『詳説日本史Ｂ』山川出版社
佐藤信ほか『詳説日本史研究』山川出版社
つかはらの日本史工房：tsuka-atelier.sakura.ne.jp

【地理】
瀬川聡『センター試験 地理Ｂの点数が面白いほどとれる本』KADOKAWA
宇野仙『大学入試地理Ｂ論述問題が面白いほど解ける本』KADOKAWA

日本史の知識まとめ

浪人期の５月から、日本史の教科書を読みながら、重要な部分をノートに書き出し、まとめた(上)。この内容はセンターレベルだったこと、東大では教科書にさらりと書かれていることも問われることに気づき、12月から再度、二次試験を意識しながら重要事項をまとめ直した(下)。また、二次対策として、予備校講師である塚原哲也氏のサイト「つかはらの日本史工房」内の「東大日本史の研究／解法の研究」から、重要な歴史論点をノートに書き留め、そこに過去問で学んだ知識を付け加えるノートも作成。このノートは二次試験前に何度も読み直した。

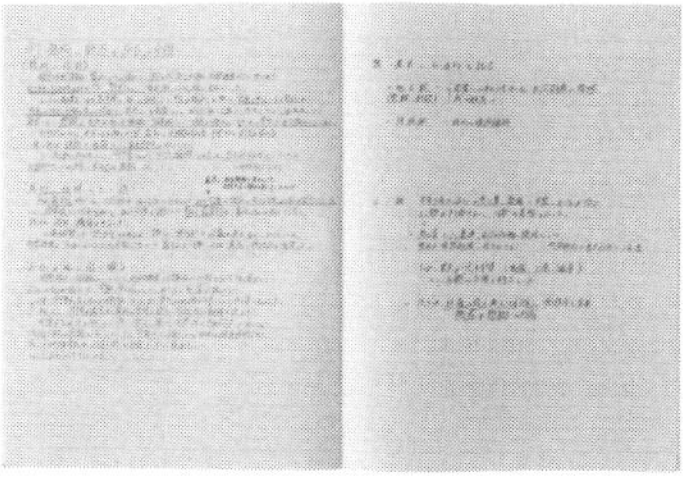

⬆左ページに教科書の要約、右ページに用語などをまとめた。

⬆東大二次を意識し重要な箇所をスマホのメモでまとめた。

おわりに

「出身はどこ？」

東大に入学すると、先輩や同級生などから、よくこの質問をされると聞きます。ここまではどの大学でも見られる風景。ただ、そこで「石川県です」など生まれ育った地域を答えると、「違う違う。出身校はどこなの？」と聞き直されるそうです。東大において「出身はどこ？」は「出身高校はどこ？」という意味なのです。

また県立高校出身者のなかには、出身校をネタにいじられたと話す人もいました。「あの高校って、すごく優秀だもんね〜」と。

仲のよい関係性のなかでの、ほんのおふざけでしかなく、言っている方に悪意はないし、言われている方も「もう」と言って笑って終わる程度の話。ただ、この話を聞いたときは、「非進学校」を下に見て笑いをとるなんて独特だし、なんてエリート主義なのだろうとも思いました。

でも、それは、東大という環境では仕方のないことなのかもしれません。

東京大学の「2018年（第68回）学生生活実態調査の結果報告書」によると、

東大生の家庭の世帯年収は、6割が950万円以上。家計を主に担う父親の職業では「管理的職業」が4割を超えています。また、東大生の半数が私立の中高一貫校出身者。ここにはもちろん非進学校も入るのですが、多くは、小学校から進学塾に通い、しっかりとした対策をとらないと合格できない難関私立が占めています。
東大には、小さい頃からの家庭環境、学習環境が整っている人たちが多く集まっているのです。

今回の取材において、本書には登場していない、ある東大生の言葉が印象に残りました。東北地方にある、県で15番手くらいの公立高校出身の彼は、非進学校出身であるがゆえに感じた思いを、こう話してくれました。

「僕のような環境から東大に合格したことをすごいと言ってくれる人もいます。けれど自分は、自己決定をして東大にきたという感覚がないのです。なぜ、東大にきたのかと言われたら、批判されがちではあるけれど、A判定だったからという面が大いにあります。そのため、入学後は、何を学ぶべきかかなり悩みました。
高校時代にまずは自分のやりたいことを考え、そしていきたい大学を決める。そんなプロセスを踏んでいたら…。

どうしようもない後悔が、大きくのしかかりました。

そんな僕に比べ、私立の超進学校からきた人たちは、学問への心理的ハードルが低く、高校時代からやりたい学問を見つけ、「数学オリンピック」や「生物学オリンピック」などに出ている人もいっぱいいる。高校時代の僕は、そんなオリンピックがあるなんて知りませんでした。

彼らに対し、憧れと同時に、強いコンプレックスを覚えました。

生まれた地域、環境によってどうしてこんなにも差が生まれてしまうのだろうか。後悔とコンプレックスに押しつぶされそうになりました」

超進学校と非進学校は違う。痛感させられました。

確かに、非進学校から東大を目指すには、状況として不利な部分は多々あります。中高一貫の超進学校では、高2が終わるまでに高校の履修範囲を終わらせ、そこからは受験対策に入るというのはよく聞く話ですが、非進学校では、高3になっても教科書が最後まで終わらないこともあります。

また東大は二次試験の配点が高いのですが、非進学校では、まずはセンター試験対策に注力をします。センター試験が終わってから、私立、国公立大学の二次対策に入る高校も多いのです。それでは、東大の二次試験対策に時間を割くことができません。さらに東大の二次試験では、理系は理科を2科目、文系では社会を2科目課されるにもかかわらず、高校の授業のカリキュラムの関係で1科目しか履修できないこともある。東大を受験するために、1科目を独学しなくてはいけないという人はとても多いのです。

それだけでも大きな負担なのに、センター試験前後に定期テストや卒業試験があり、受験に関係のない勉強もせざるを得ないという高校もあります。

そのため非進学校から東大を目指す場合、多くの人が、授業では内職をしたり、予備校や塾、オンラインの映像授業や個別指導など、高校の外に学ぶ場を求めていました。

それでも、今回インタビューした人たちからは、「非進学校でよかった」という声が多く聞かれました。

「中学、高校に入学したときは、東大を目指すなんて、ましてや東大に合格するなんて、想像もしなかった」

そう話す彼らが合格できたのはどうしてなのか。

まず、その学校においてトップ、もしくはトップクラスの成績であったということ。このことは彼らの大きな自信となっています。また、一度トップの成績をとったことは、負けず嫌いな彼らの性格を刺激し、それを維持するためにコツコツと勉強を続ける動機となりました。そのことによって、非進学校のトップという成績から、東大を狙えるレベルまでもっていくことができたのです。

「もし、進学校にいっていたら、自分は真ん中くらいの成績だったかもしれません。そうしたら、きっとここまで頑張らなかったと思います」

「超進学校で、東大を目指している超優秀な人たちを目の前にしたら、自分との違いを痛感して、東大なんて目指そうとは思わなかったでしょう」

また、非進学校だからこそ、唯一の、もしくは数少ない東大志望者となり、学校や先生からの期待を集め、きめ細かい指導を受けられた人もいました。受験科目や苦手科目を放課後に補習してもらったり、授業で扱わない応用問題を出してもらったり、過去問の添削をしてもらったり。

彼らは、非進学校だったからこそ、東大合格レベルまで学力を伸ばすことができたのです。

今回の取材を通し、感じたことが2つあります。

一つは、「東大に合格できる、できないの差はどこにあるのか」。重要なのは出身校の差ではなく、学ぶ上でどこまで到達できたかということではないでしょうか。

彼らは、東大に合格するための力をこんな風に表現しました。神田直樹さん。東大の入試要項に照らして「上位概念が必要」と独特の言い回しで表現したのは、渡邉結奈さん。効率的な勉強を心がけた小山賞馨さんは「重要な部分を抽出して勉強する」と話し、教科書と授業を理解しきることを続けてきた黒木海仁さんは、「一つの問題を普遍化し、別の問題に拡張することで理解する」と言いました。

それぞれ表現は異なるものの、同じことを話しています。

知識を丸暗記するのではなく、知識の集合体のなかから重要な部分を抜き出したり、法則を見出したり、知識の具体化と抽象化をいったりきたりしながら学ぶ力を身につけること。

これが、東大をはじめとする難関大学に合格するために必要な力なのだと感じました。正しく勉強すれば東大に合格できる。非進学校であっても可能なのです。

そしてもう一つ。非進学校ならではの「負の部分」と「正の部分」の両方を経験した彼らには、超進学校からきた東大生とは違う感性があるということ。「はじめに」に書いた〝これまであまり会ったことのない東大生〟と感じた部分の一つでもあるのですが、それは「当たり前だとされる状況にきちんと疑問を持つ」ということです。

非進学校出身の彼らは、東大を目指すこと自体を「冗談でしょ?」と言われたり、好奇の目で見られたり、引かれたという経験をしてきた人もいます。また、彼らのまわりには、大学にいきたくても経済的な問題で進学を諦めた同級生や大学進学すら考えずフリーターになった友人もいました。

超進学校に通っていたらあまり感じることのない悔しさや孤独を経験し、そして出会うことのない多様な同級生たちと机を並べました。東大受験に関しては決して恵まれた環境ではなかったけれど、彼らはそこから東大に合格したいという思いを現実のものとするため、強靱《きょうじん》な意志を持ち、試行錯誤しながら、まわりに流されることなく学んできたのです。

「頑張ったら報われるとあなたがたが思えることそのものが、あなたがたの努力の成果ではなく、環境のおかげだったこと忘れないようにしてください」

２０１９年の春、東京大学名誉教授である上野千鶴子氏の入学式での祝辞が話題になりました。この言葉に感じ入ったと話した人も何人かいました。

努力できる環境は当たり前ではない、そのことを痛感しながら闘ってきたのが、「非進学校出身東大生」なのです。

11名の取材が終わったとき、本書の担当編集者が「彼らは、社会人になっても、ちゃんとやっていけそうだよね」と言いました。私もそう感じています。

これまで取材してきた東大生のなかには、社会人になった後、これまでの知識を積み上げていくというやり方が通用せず、壁にぶつかり、悩む人もいました。また、上司から「東大卒のくせに」と逆差別の扱いを受けた人もいました。それは彼らにとっては初めての経験。「頑張れば報われる」と信じてきた彼らにとって、大きな挫折となりました。

非進学校出身の彼らにもきっと、理想とは違う、思い通りにいかない、と感じることは多々待ち受けていると思います。それでも、彼らはうまくやっていくのではないか。一般的には無理だと思われる状況から自らの意志と努力で東大合格を成し遂げた経験は、彼らの強みになるはずです。そして「当たり前である状況」に違和感を持つ感性が、多様性を認める優しさになる。それらが彼らの武器となり、個性的な人生をつくっていくのだろうなと感じさせてくれました。

中学・高校の受験に失敗したから、自分なんてもうダメだと感じている人。これまで東大合格者が出ていなかったり、トップレベルではない公立・私立の高校にいるため、自分には東大なんて手が届くはずないと思い込んでいる人。そして、学ぶことが大好きなのに進学塾や予備校のシステム、進学校の雰囲気にどうしても馴染《なじ》めない人。

そんな東大受験自体を考えられない状況のなかにいても、心のどこかに「東大にいきたい」という思いがあるのであれば、その思いを無視するのではなく、きちんとすくいあげてください。これから先、自分はどうしたいのか。環境のせいだからと後悔を持ち続けて過ごす人生になってもいいのか。本当のところ、自分はどうなりたいのか。その思いときちんと向き合ってみてください。

それは、もちろん東大に限ったことではありません。東大以外でも自分のレベルでは難しいと思われる大学を目指している人、進学以外の目標や夢を持っている人、リベンジを果たしたい人…。自分が置かれた環境のせいで「どうせ無理だ」と思っていることがあるのならば、同じように自分の正直な思いに耳を傾けてみてください。

そのときはきっと、この本にある「非進学校出身東大生」の思いや言葉、経験が、次にやるべきことへのヒントと、一歩を踏み出す勇気を与えてくれると思います。


UTFRのみなさん。小さい頃から現在に至るまでに経験したこと、感じたことを真摯《しんし》に話してくれてありがとうございました。自分たちの経験や勉強法を、かつての自分たちと同じような状況や思いを抱いて悩んでいる人たちに伝えたいという気持ちは、みなさん共通していました。

そんなみなさんとの出会いをきっかけに、もう30年近く前の高校時代のことを鮮明に思い出しました。同じ非進学校出身の私は、その環境と自分の弱さに負けたことに後悔を抱えていました。だからこそ、それを乗り越え、強みとしたみなさんの人生を、ほんの一片ですが描くことができた。そのことが、自分の過去の棚卸しをするような経験となりました。個人的なことではありますが、とてもありがたいことでした。

本書の写真撮影日、集まったみんなで和気藹々《わきあいあい》と、とても楽しそうに話していましたね。高校時代に抱えていた「孤独」。東大という場所で、同じような経験をしてきた仲間たちと出会うことできっと解消されたんだなと、見ていてとても嬉しくなりました。ただ、そのとき話していたのが、知識の「具体と抽象」をどう説明したら伝わるのかというテーマ。私にはチンプンカンプンでした。

東大生の生き生きとした表情を撮影してくださった、カメラマンの田中麻衣さん。読みやすく素敵な本に仕上げてくださった、デザイナーの設樂満さん、黒木香さん。青春時代の一瞬を切り取ったカバーイラストを描いていただいた、西炯子さん。そして、企画、取材から校了まで共に走ってくれた編集の畭《はり》俊之さん。一緒に本をつくるのは8年ぶりでした。以前と変わらず鋭い視点で細やかに指摘くださることで、曖昧だった部分にきちんと言葉が追いつくことができました。本書の執筆は、いつも以上の緊張感を持って書くことに深く向き合った時間だったと感じています。

みなさんの協力のおかげでこの本が生まれました。

本当にありがとうございました。

教育がもっと柔軟で多様性をもち、どんな環境からも望んだ道へ進むことができる、そんな社会になることを願って。

２０２０年２月　太田あや

［著］
太田あや（おおたあや）
1976年、石川県生まれ。フリーライター。株式会社ベネッセコーポレーションで進研ゼミの編集に携わった後、フリーランスに。教育分野を中心に執筆・講演活動を行っている。『東大合格生のノートはかならず美しい』（文藝春秋）などの「東大ノート」シリーズは、累計50万部突破のベストセラーに。ほかに『ネコの目で見守る子育て－学力・体力テスト日本一！福井県の教育のヒミツ』『超（スーパー）小学生』（共に小学館）、『東大合格生が小学生だったときのノート　ノートが書きたくなる６つの約束』（講談社）、『中学受験に合格した先輩たちはみんなノートと友だちだった　合格するノート力をつける３つの条件』（朝日学生新聞社）、『マンガでわかる！頭を鍛える東大ノート術』（宝島社）、『外資系コンサルはなぜ、あえて「手書きノート」を使うのか？』（KADOKAWA）などの著書がある。

非進学校出身東大生が高校時代にしてたこと

2020年３月２日　初版第１刷発行

著者　太田あや
発行者　小川美奈子
発行所　株式会社小学館
〒101-8001　東京都千代田区一ツ橋2-3-1
電話　編集　03-3230-5112
販売　03-5281-3555
印刷所　萩原印刷株式会社
製本所　株式会社若林製本工場

協力／UTFR
本文デザイン／設樂 満
カバーデザイン／黒木 香＋ベイブリッジ・スタジオ
カバーイラスト／西 炯子
撮影／田中麻衣（小学館写真室）
校閲／玄冬書林
編集／畭 俊之

　ISBN978-4-09-388755-7